Elfriede Jahn

Das 1 x 1 des intuitiven Handlesens mit Symbolen leicht gemacht

Worte des Dankes

Ich danke meiner göttlichen Führung und den Freunden aus der geistigen Welt für ihr Geschenk des „intuitiven Handlesens“ und für ihre Gegenwart, die ich stets spüre. Es ist mir ein Bedürfnis, diese Gabe an viele Menschen weiterzugeben.

Ich danke auch meinen lieben wertvollen Freunden Harald, Gerty und Silvia, die mich bei diesem Buch unterstützten. Besonderen Dank möchte ich aber den unzähligen Menschen sagen, denen ich helfen durfte und noch immer helfen darf – denn erst durch sie kam dieses Buch zustande.

Elfriede Jahn

Wien, im August 2002

ELFRIEDE JAHN

Das 1 x 1 des intuitiven Handlesens mit Symbolen leicht gemacht

Arbeitsbuch

Ibera

Die Deutsche Bibliothek – CIP-Einheitsaufnahme
Jahn, Elfriede
Das 1 x 1 des intuitiven Handlesens mit Symbolen
leicht gemacht / Elfriede Jahn.
1.Aufl. Wien : Ibera-Verl., 2002
ISBN 3-85052-149-4

1. Auflage

Redaktionelle Bearbeitung: Gerty Ederer
Umschlaggestaltung: Silvia Omar
Herstellung: Wiener Verlag, Himberg
ISBN 3-85052-149-4

INHALT

Vorwort 7
Wer mich noch nicht kennt 9

Intuitives Handlesen 11
Lesen aus der Hand ist uralt 13
Was bedeutet der Begriff „intuitiv"? 14
Was ist „intuitives Handlesen"? 15
Was sagt unsere Sprache über die Hand aus? 16
Die Gestik mit Händen 17
Der Händedruck 19
Die Sprache der Finger? 20
Praxis des „intuitiven Handlesens" 23
Die Hände – ein Tor nach innen 26
Meine Hände 28
Partnerübung – Überblick 30
Partnerübung – im Detail 31
Wie entdecke ich Symbole? 34
Symboldeutung 35
Die Hauptlinien der Hand 71
Die Lebenslinie 72
Die Kopflinie 75
Die Herzlinie 78
Die Schicksalslinie 81
Symbolliste (Stichworte) 85
Deutungsbeispiele 90

Das Pendeln **97**
Die Technik des Pendelns 101
Pendelübung 103
Intuitives Handlesen mit dem Pendel - Themen: .. 104
Alter 105
Ansehen in der Öffentlichkeit 106
Berufsleben 107
Besitz 108
Ehe und Partnerschaft 109
Ehre 110
Engpässe 111
Geistiger Weg 112
Geld und Ersparnisse 113
Gesundheit 114
Glück in der Lotterie 116
Hoffnung und Erwartung 117
Kinder und deren Lebensumstände 118
Lebensfreude 119
Lebenstüchtigkeit 120
Liebesangelegenheiten 121
Spekulationen 122
Sport 123
Unsicherheit 124
Veränderung 125
Vergnügen 126

Meditationen **127**
Schlußwort 136
Buchempfehlungen 144

VORWORT

Liebe Leserin, lieber Leser!

Sie möchten „intuitives Handlesen" erlernen,
Ordnung in Ihr Leben bringen?
Sie sind gerade auf der Suche nach sich selbst
oder nach einem Partner?
Sie suchen nach Lösungen für Ihre Probleme?
Sie möchten auch anderen Menschen weiterhelfen?

Dann haben Sie mit diesem Handbuch richtig gewählt! Es wird Ihnen Hilfe anbieten, um vieles verwirklichen zu können: den Erfolg, den Sie sich schon jahrelang wünschen, die Kreativität, die Sie bis jetzt in sich gehütet haben, Liebe und eine glückliche Partnerschaft, Gesundheit und Wachstum oder gar das Vermögen, von dem Sie schon lange träumen.

Gemeinsam mit mir werden Sie schrittweise lernen, Ihre inneren Wegweiser aufzuspüren und ihnen zu folgen. Wir haben alles in uns; es braucht nur geweckt zu werden! Die inneren Wegweiser helfen mit, Körper, Geist und Seele in Harmonie zu bringen, sie zeigen den Weg zu Erfolg in der Partnerschaft, im Beruf, in der materiellen als auch in der geistigen Welt.

Durch „intuitives Handlesen“ werden Sie auch sich selbst näher kommen und besser kennenlernen. Regelmäßiges Üben führt im Laufe der Zeit zu innerer Weisheit und Wachstum. Ich bin sicher, Ihr Erfolg wird nicht ausbleiben! Nach und nach werden Sie sich der inneren Führung Ihrer Seele anvertrauen. Ich werde Sie in diesem Buch auf diesem Weg begleiten.

Unsere Hände sind der Spiegel unserer Seele. Alles ist dort angelegt und kann „intuitiv“ entschlüsselt werden. Sie merken es bald, welch wunderbares Instrument wir mit den Händen geschenkt bekommen haben, und Sie werden zu den Glücklichen gehören, die damit umgehen können und dies zum Segen für sich selbst und für andere nutzen.

Ich bitte Gott um seine Hilfe, mich auf den folgenden Seiten zu geleiten, mir die rechten Worte einzugeben, die zu mehr Glück und Frieden führen, die unsere Welt gesünder, liebevoller und heiler machen.

Ich wünsche Ihnen sehr: Möge Ihre Intuition von Tag zu Tag mehr zu einem unverzichtbaren Teil Ihres Lebens werden.

Wer mich noch nicht kennt

Am 11. Januar, als zweites Kind in Wien geboren – die Welt war durch den Krieg aus den Fugen –, begleiteten mich auf der einen Seite der Kampf ums tägliche Brot und auf der anderen immenser Reichtum: die alles überdeckende Liebe meiner Eltern. Mein Vater war ein vom Krieg gezeichneter Mann, der trotz der argen Schmerzen aufgrund seiner Kopfverletzung die Familie liebte und für sie da war. Meine Mutter war der liebevollste, gütigste, geduldigste Mensch, der mein Leben begleitete.

Blicke ich heute auf meine Kindheit zurück, bin ich dankbar und weiß zu schätzen, daß ich durch dieses Erleben der Armut die vielen Facetten des Lebens kennenlernen durfte. Ich bin durch Himmel und Hölle gegangen. Nichts Menschliches ist mir fremd geblieben; ich durfte Reichtum und Armut kennenlernen, Gesundheit und Krankheit, Liebe und Verzweiflung. Ich habe den lauten Trubel der Welt erlebt und die Einsamkeit zu schätzen gelernt.

Das schönste Geschenk aber, das Gott mir gemacht hat, sind die vielen Menschen, denen ich seit nunmehr fünfundzwanzig Jahren raten und helfen darf.

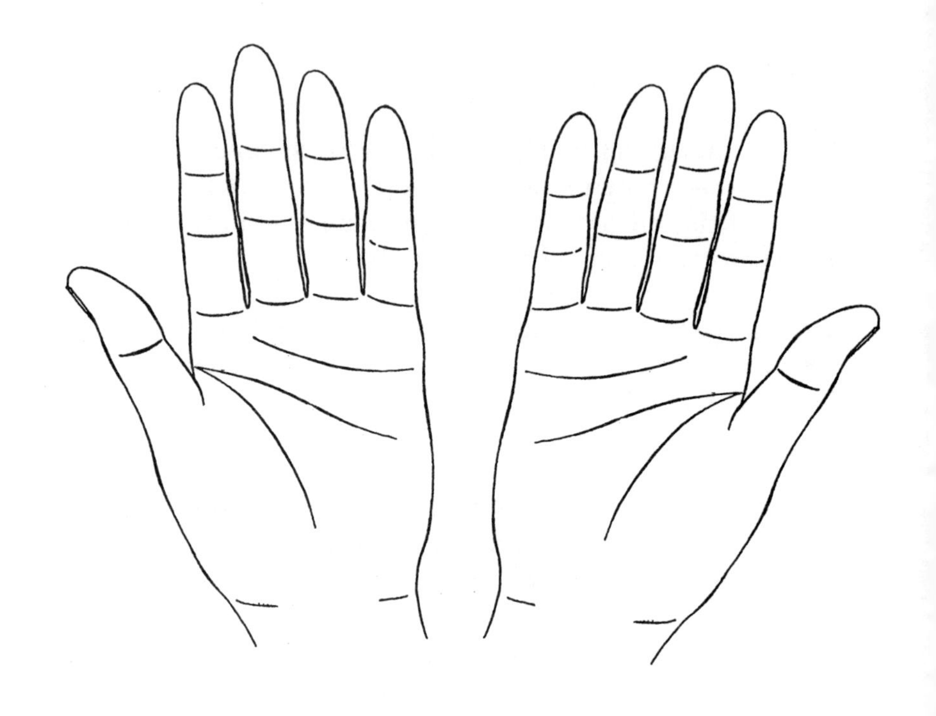

Die Hände sind
der Spiegel deiner Seele

Intuitives Handlesen

Vor fünfzehn Jahren geschah es, daß mich unser Schöpfer, auf meine Bitte um spirituelle Weiterentwicklung, erhörte: Das „intuitive Handlesen“ wurde mir geschenkt.

Ich entdeckte Zeichen und Symbole in den Händen der Menschen, die zu mir kamen, und begann sie zu deuten. Ich konnte Dinge erkennen, die mich zutiefst berührten und die den Menschen weiterhalfen.

Wußten Sie übrigens, daß bereits Gautama Buddha, der Weise aus Indien, seine Bestimmung aus den Zeichen in seinen Händen und Füßen erkannt hat?

Ich bin für dieses Geschenk sehr dankbar und will es in die Welt hinaustragen. Viele Menschen sollen davon profitieren. Denn jeder Mensch trägt diese Fähigkeit in sich; mein Buch soll dazu beitragen, sie zu erwecken und anzuwenden. Das intuitive Handlesen ist eine wundervolle Lebenshilfe, die den Menschen zur Bewältigung ihrer Probleme zur Verfügung steht. Allerdings „wie überall im Leben“, erst Übung macht den Meister.

Nun ist die Zeit da, meine Methode des „intuitiven Handlesens“ mit diesem Buch in die Öffentlichkeit zu tragen. Ich habe es bereits in zahlreichen Handlese-Seminaren vielen Menschen übermittelt und mit Freude erleben dürfen, wie Teilnehmer schon innerhalb kurzer Zeit ihrem Gegenüber genaue und zutreffende Aussagen machen konnten.

Das hat mich bestärkt, dieses Buch zu schreiben, damit möglichst viele Menschen das intuitive Handlesen anwenden, um ihr Leben sowie das anderer glücklicher, harmonischer und erfolgreicher gestalten zu können.

Sie wollen Ordnung in Ihr Leben bringen? Sie sind gerade auf der Suche nach sich selbst? Oder Sie suchen einen Partner? Sie suchen Lösungen für Ihre Probleme und die anderer Menschen?

Das intuitive Handlesen ist ein Rezept zu dem Erfolg, den Sie sich jahrelang wünschen, zu Gesundheit, Liebe, Wohlstand und Wachstum, vielleicht zu dem Vermögen, von dem Sie schon lange träumen.

Lesen aus der Hand ist uralt

Die Methode des Handlesens ist uralt. Viele alte Kulturen beschäftigten sich mit dieser Kunst (Chinesen, Babylonier, Assyrer, Ägypter, Inder), jedoch erst die Griechen brachten das Handlesen unter dem Namen „Chiromantie“ nach Europa.

Unter Chiromantie (von griechisch „cheir“: Hand, „manteia“: Weissagung) versteht man die Fähigkeit, aus den Händen eines Menschen seine Psyche, seinen Charakter und damit auch sein Schicksal abzulesen. Sie sucht nach Zeichen, die Gutes oder auch Unheilvolles bedeuten können.

Die „Chirologie“ (von griechisch „cheir“: Hand, „logos“: Lehre oder Vernunft; unter diesem Namen ist sie heute bekannt) bedeutet: Lehre von der Hand, Charakterdeutung aufgrund eines intensiven Studiums der verschiedenen Merkmale – den Erhöhungen in den Handflächen, den Fingern und vor allem den Handlinien – und ihrer Zuordnung (nach strengen Richtlinien) mit dem Ziel der Erforschung des menschlichen Charakters, seiner Anlagen und Talente.

Die Chirologie versteht sich eher als psychologische Richtung, die sich auf Verständnis und Einfühlung gründet, während die Chiromantie sich intensiv mit Zukunftsdeutung befaßt.

Was bedeutet der Begriff „intuitiv"?

Wie würden Sie das Wort „Intuition" interpretieren?

Im Lexikon lese ich: gefühlsmäßiges, unbewußtes Folgen einer Eingebung, Erkennen des Wesens, Erkennen eines komplizierten Vorgangs, ahnendes Erfassen, spontane Eingebung; instinktives Erfassen, das Sachverhalte klärt, Zusammenhänge deutlich macht und neue Möglichkeiten eröffnet.

Damit tasten wir uns schon sehr nahe an den Begriff heran. „Intuition" ist der sogenannte „heiße Draht", den ich zu meinem Höheren Selbst – meiner inneren Stimme – habe. „Intuitiv zu sein" bedeutet für mich also: Ich werde innerlich ganz ruhig und gelassen – ich höre auf meine innere Stimme – ich vertraue auf Gott den Schöpfer und verbinde mich mit der geistigen Welt – ich vertraue auf meine Fähigkeiten – ich warte auf die Eingebung und bin still – ich stelle meine inneren Antennen auf Empfang.

Erst meine innere Harmonie ermöglicht mir den Kontakt mit der geistigen Welt. Der Verstand kommt zur Ruhe, und das Wissen fließt mir aus dem Herzen zu. Wir brauchen unsere Intuition, um die Botschaften und Symbole der Hände richtig deuten zu können.

Was ist „intuitives Handlesen"?

Das intuitive Handlesen entschlüsselt die Sprache der Symbolik und der Linien in den Händen. Wir be-**greifen** – im wahrsten Sinne des Wortes – zu einem großen Teil die Welt mit unseren Händen: Wir berühren einander – wir geben Zärtlichkeit und Zuwendung – wir ringen die Hände bei Kummer – wir arbeiten mit unseren Händen – wir legen sie in den Schoß und ruhen aus – wir bitten mit unseren Händen – wir falten die Hände zum Gebet und vieles mehr. Alles, was wir tun, hinterläßt vom Tag unserer Geburt an Spuren; ebenso Spuren in der Hand, die zu deuten wir lernen können.

Und hier beginnt das Lesen der Hände. Damit meine ich, daß wir sie ganz genau und aufmerksam beobachten: ihre Symbole, Linien und ihre Botschaften. Die Hände können nicht lügen! Das Charakterbild eines Menschen aufgrund der Handlinien und Symbole in seinen Händen zu entdecken und zu erkennen – es intuitiv wahrzunehmen –, ist eine Fähigkeit, die es sich lohnt zu lernen. Mit jeder Hand wird es Ihnen leichter fallen, den Menschen Rat, Hilfe und Selbstvertrauen auf ihren Weg mitzugeben.

Probleme im Bereich der Liebe, Partnerschaft, Gesundheit, Beruf, Berufung und Finanzen können mit Hilfe des intuitiven Handlesens erkannt und gelöst werden.

Was sagt unsere Sprache über die Hand aus?

Hände haben viel mit Aktivität und Verantwortung zu tun. An vielen Wörtern unserer Sprache ist dieser Zusammenhang deutlich erkennbar: handeln – zur Hand gehen – etwas handhaben – die Angelegenheit in die Hand nehmen – in die Hand anderer Leute geben – anhand der Unterlagen – von langer Hand vorbereiten – von der Hand weisen – Hand in Hand gehen – unter der Hand verkaufen – jemanden kurzerhand verlassen – überhand nehmen – Hand anlegen – von der Hand in den Mund leben – die Hand in den Schoß legen – allerhand usw.

Viele Tätigkeiten verrichten unsere Hände ganz selbstverständlich, ohne daß es uns besonders bewußt wird: Anziehen, Waschen, Zähne Putzen, Essen, Geschirr Waschen, Putzen, Schreiben, Telefonieren, Kochen, Autofahren und vieles mehr. Hände berühren und streicheln, Hände segnen, liebkosen, geben und nehmen, öffnen und schließen Türen, sie grenzen ein und überschreiten Grenzen. Sie sind auch ein Weg zum besseren Verständnis und Erkennen eines Menschen.

♥ *Die Hände gehören zu uns. Sie sind der Spiegel unserer Seele und können nicht lügen.*

Die Gestik mit Händen

Hände arbeiten, halten, beruhigen, trösten, streicheln, heilen. Hände brauchen keine Stimme. Sie sprechen mittels Gestik. Hände drücken unmittelbar das aus, was wir denken. Die Gesten, die ein Mensch beim Sprechen verwendet, sagen sehr viel über ihn und seine Absichten aus.

- Gestikuliert ein Mensch während des Sprechens viel mit seinen Händen, so ist er entweder temperamentvoll, heftig und lebhaft oder versucht, seine Unsicherheit mittels Gestik zu überspielen.

- Zeigt ein Mensch beim Sprechen mehr die Innenhand, so ist er offen; er geht leichter auf Menschen zu als jemand, der beim Reden die Außenhand zeigt. (Handrücken ist Schutzschild!)

- Hält ein Mensch beim Sprechen seine Finger gestreckt, mauert er ab.

- Macht jemand eine Querbewegung eines Fingers, so zieht er gerade einen Schlußstrich.

- Wer beim Sprechen oft den Zeigefinger verwendet und damit seine Aussagen bekräftigt, ist ein Lehrertyp oder eine Führungspersönlichkeit!

- Wer sich mit einer wischenden Bewegung über die Stirn streicht, will einen unschönen Gedanken, eine unangenehme Vorstellung wegstreichen.

- Wer seinen Zeigefinger ausgestreckt an den Lippenrand legt, nimmt unbewußt den Tast- und Geschmacksinn zu Hilfe. (Kann auch bei Unsicherheit der Fall sein. Es signalisiert: Ich bin hilflos, ich suche Hilfe.)

- Wer leicht geöffnete Finger über seinen Mund legt, will den Mund unter Verschluß halten. Er ist nach innen gewendet; er horcht in sich hinein.

- Wenn die Finger den Mund fest zuhalten, soll eine unbedachte Äußerung (ein Ausruf) verhindert werden.

- Wer einen Finger in den Mund steckt, zeigt so, daß er nachdenklich ist.

♥ *Beobachten Sie doch einmal die Hand- und Fingerbewegungen Ihrer Mitmenschen. Sie werden staunen, wieviel Sie daraus erkennen können!*

Der Händedruck

Auch der Händedruck sagt viel über die Persönlichkeit eines Menschen aus. Aufschlußreich ist auch, in welcher Entfernung von mir er sich befindet, während er mir die Hand drückt. Wie gut halte ich seine Nähe aus? Die normale Distanz ist dort, wo meine Faust die Nase des anderen noch berühren kann. Größere Entfernung kann Angst anzeigen, Respekt vor dem anderen oder auch Vorsicht bedeuten. Größere Nähe zeugt von Vertrautheit (Umarmen); sie kann aber auch Aggressionen hervorrufen.

Ist der Händedruck schlaff und zaghaft, ist er fest und kräftig, kurz oder lang, derb oder zart, bewußt und mit Augenkontakt oder oberflächlich?

Achten Sie also beim ersten Zusammentreffen mit einem Menschen darauf, auf welche Art und Weise er Ihnen die Hand reicht. Bereits der erste Händedruck liefert Ihnen wichtige Informationen. Auch Sie können natürlich diesen ersten Händedruck dazu benützen, um dem anderen Ihre Gefühle zu signalisieren.

♥ *Wie empfinden Sie die Hand dieses Menschen? Empfindsam? Sinnlich? Zupackend? Energisch? Liebevoll? Fordernd? Gebend? Kalt? Starr? Abweisend? Kräftig? Kommunikativ? Ihr spontanes Gefühl ist richtig!*

Die Sprache der Finger

Die Beschaffenheit der Fingerglieder der Innenhand verrät Ihnen Ihre Glücksmonate.

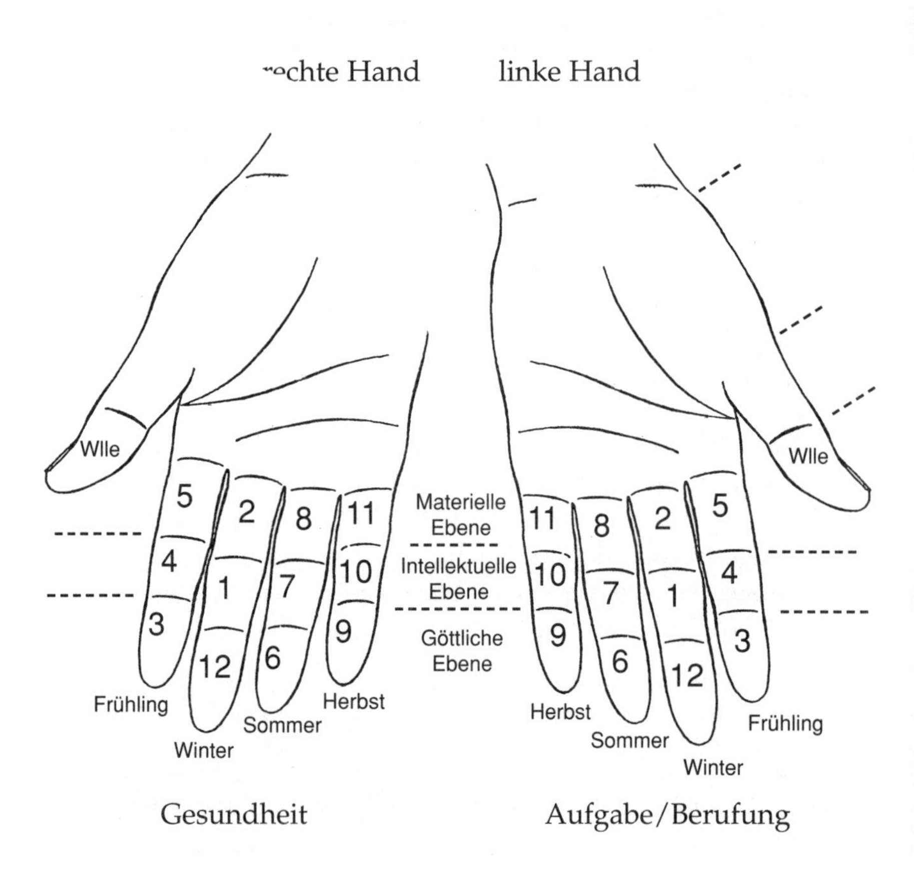

Das oberste Fingerglied des Zeigefingers (3) zeigt Ihnen, wieviel Glück Sie im Monat März zu erwarten haben. Das oberste Fingerglied des Mittelfingers (12) sagt Ihnen, was im Dezember auf Sie zukommt, aus der Beschaffenheit des obersten Gliedes des Ringfingers (6) können Sie ersehen, welches Maß an Glück Ihnen im Juni bevorsteht. Das oberste Glied des kleinen Fingers (9) zeigt Ihnen an, was im September sein wird. Weiter geht es mit dem mittleren Fingerglied des Zeigefingers usw.

Je weicher und fülliger der jeweilige Fingerpolster ausgebildet ist, desto mehr Glück ist zu erwarten. Nach einer alten Überlieferung beginnt und endet das Jahr am Mittelfinger.

Zeigefinger	**Mittelfinger**	**Ringfinger**	**kleiner Finger**
Kindheit/ Frühling	Alter/ Winter	Jugend/ Sommer	Erwachsenenalter/ Herbst
3 = März	12 = Dezember	6 = Juni	9 = September
4 = April	1 = Jänner	7 = Juli	10 = Oktober
5 = Mai	2 = Februar	8 = August	11 = November

Daumen: Der Daumen symbolisiert unseren Willen. An der Beweglichkeit des obersten Gliedes erkennen Sie, wie flexibel Sie sind. Haben Sie einen geraden Daumen, werden Sie Ihren Willen durchsetzen. Biegt sich der Daumen leicht nach hinten, so werden Sie Ihren Partner in Ihre Entscheidungen einbeziehen. Biegt sich der Daumen stark zurück, werden Sie sich dem Willen Ihres Partners anpassen.

Die linke Hand bezieht sich überwiegend auf Ihre Berufung und Ihre Aufgabe, die Sie in dieses Leben mitgebracht haben, die rechte Hand betrifft Ihre Gesundheit.

♥ *Ich bin immer wieder von neuem fasziniert davon, was Hände ausdrücken und was wir alles über und durch sie erfahren können!*

Hände

HÄNDE, sie helfen, von Gott dir gegeben,
HÄNDE, sie heilen und schenken dir Licht,
HÄNDE, sie trösten und schenken dir Leben,
Menschen vergessen die Hilfe dir nicht.

HÄNDE, sie helfen, von Gott dir gegeben,
HÄNDE, sie legen die Wahrheit dir hin,
HÄNDE, sie führen dich hilfreich durchs Leben,
HÄNDE, sie schenken dir Antwort und Sinn.

HÄNDE, sie helfen, von Gott dir gegeben,
HÄNDE, sie wissen so manches von dir,
HÄNDE gestalten, bereichern dein Leben,
HÄNDE sind Segen, den Menschen und mir.

Praxis des intuitiven Handlesens

Ich empfehle Ihnen, das intuitive Handlesen zu zweit zu erlernen. Es macht ganz einfach mehr Freude, und Sie erhalten das Feedback, das nötig ist, um das so wichtige Vertrauen in sich und Ihre Fähigkeiten zu gewinnen.

Versetzen Sie sich mit Ihrem Gegenüber in meditative Stimmung, damit sich Ihr Bewußtsein leichter der Intuition öffnen kann. Dies können Sie durch Musik, Kerzenlicht, Gebet oder eine geeignete Meditation wie zum Beispiel die folgende erreichen:

Meditation

Setzen Sie sich entspannt und bequem hin. Sie spüren mit beiden Füßen den Kontakt zum Boden.

Schließen Sie jetzt Ihre Augen. Erlauben Sie Ihrem Körper, sich wohlzufühlen, und versuchen Sie sich jetzt zu entspannen. Sind noch Gedanken da, dann lassen Sie diese wegziehen, ohne etwas zu wollen, oder hängen Sie sie an eine Wolke und sehen Sie zu, wie sie fortziehen. Sie brauchen sich um nichts zu bemühen. Sie sind einfach da und spüren mit liebevollen Gedanken und Gefühlen in Ihren Körper hinein.

Sie wenden jetzt Ihr Bewußtsein Ihrer inneren Führung zu und lassen geschehen, was auch immer geschehen mag.

Sie atmen langsam durch Ihre Nase ein, so als ob Sie an einer Blume riechen würden. Sie folgen Ihrem Atem, wie er langsam tiefer und tiefer in Ihren Körper sinkt, Ihren ganzen Körper ausfüllt, und Sie atmen langsam durch den leicht geöffneten Mund wieder aus. Sie beobachten Ihren Atem aufmerksam. Sie spüren, wie Sie durch die Nase einatmen, wie Sie den Atem in den Körper sinken lassen und wieder langsam ausatmen. Sie atmen ein ... und Sie atmen wieder aus. Und mit jedem Atemzug entspannen Sie sich tiefer und tiefer. Sie fühlen sich wunderbar entspannt und gelöst.

Gehen Sie jetzt mit Ihrem Bewußtsein hinter Ihr Herzchakra und stellen Sie sich dort gedanklich einen Raum vor. Dieser Raum kann ein Haus sein, vielleicht sogar ein Schloß, eine Höhle, eine Moschee oder was immer Sie für Ihr Höheres Selbst gestalten und kreieren wollen. Stellen Sie sich diesen Raum in den schönsten Farben vor, gestalten sie ihn so aus, daß sich Ihr Höheres Selbst darin wohlfühlen kann.

Sie gehen nun gedanklich in diesen Raum hinein und begrüßen dort Ihr Höheres Selbst. Stellen Sie ihm die erste Frage. Sie haben genügend Zeit für die Antwort. Der erste Impuls ist immer die richtige Antwort. Alle weiteren Impulse sind nur Wunschdenken.

Wenn Sie Ihre Antwort erhalten haben, bedanken Sie sich bei Ihrem Höheren Selbst und stellen ihm nun die zweite Frage. Sie haben genügend Zeit für die Antwort. Wieder ist der erste Impuls richtig. Alle weiteren Impulse sind nur Wunschdenken.

Wenn Sie Ihre Antwort bekommen haben, bedanken Sie sich für diese bei Ihrem Höheren Selbst.

Nun stellen Sie die dritte und letzte Frage. Wieder ist nur der erste Impuls die richtige Antwort.

Wenn Sie Ihre dritte Antwort erhalten haben, bedanken Sie sich bei Ihrem Höheren Selbst. Umarmen Sie es und versprechen Sie, von nun an öfter zu ihm zu kommen.

Sie atmen nun einige Male tief ein und aus, danken dem Schöpfer für seine Liebe und kommen wieder aus der Meditation zurück und öffnen die Augen.

♥ *Vielleicht wollen Sie Ihre Fragen und die Antworten, die Sie erhalten haben, gleich aufschreiben!*

Die Hände – ein Tor nach innen

Nach dieser Meditation sind Sie nun in der richtigen Verfassung, um mit dem Handlesen zu beginnen. Sie sind ruhig, entspannt und offen für die Intuition, die nötig ist, um verläßliche und korrekte Aussagen machen zu können.

Nun versuchen Sie die allererste Übung:

Beginnen Sie damit, die Hände zu betrachten, sie

- zu be-**greifen**
- zu be-**tasten**
- zu er-**spüren**.

Finden Sie heraus, was diese Hände Ihnen sagen wollen. Sie können diese Übung allein machen oder gemeinsam mit einem Partner.

Sie gibt Ihnen auch die Gelegenheit, mit Ihrem Partner intuitiv auf eine liebevolle Art und Weise zu kommunizieren. Besonders in unserer heutigen hektischen Zeit ist Berührung so wichtig geworden. Jeder Mensch dürstet nach Zuwendung und Streicheleinheiten. Und vieles, das man nicht aussprechen kann, kann man dem Partner so durch die Hände vermitteln.

Wie sehen die Hände aus?

- Sind sie blaß oder gut durchblutet?
- Sind sie dunkelrot, sind sie fleckig?
- Sind sie warm, heiß, kalt oder kühl?
- Sind sie schwielig oder zart?
- Sind sie fein oder grob?
- Sind sie trocken oder feucht?
- Sind sie klein und zart oder groß und gedrungen?
- Sind sie schlaff oder muskulös?
- Sind sie zärtlich oder eher unsensibel?
- Haben sie weich gepolsterte Handteller oder sind die Hände eher knöchern?
- Sind die Finger kurz oder lang, dick oder schlank?
- Sind es rauhe Arbeitshände oder sensible Künstlerhände?
- Oder Gefühlshände?
- Wie sehen die Fingerspitzen aus?
- Sind sie violett oder rötlich?

Begreifen und betasten Sie die Hände auch mit geschlossenen Augen. Wie spüren sie sich für Sie an? Sind sie nicht wundervoll gestaltet? Sie fühlen in sich hinein ... Sie stellen Ihre inneren Antennen auf Empfang ... Sie vertrauen Ihrer Intuition.

♥ *Der Blick in die Hände und die Seele des anderen schärft auch Ihren Blick für sich selbst! Jede Hand ist anders, so wie jeder Mensch einmalig ist!*

Meine Hände

Übung

Nachdem Sie nun so Form, Farbe, Aussehen, Sensibilität Ihrer Hände kennen, betrachten Sie nun genau Ihre Handinnenflächen und deren Linien.

Die Linien der linken Hand (Gefühlshand)
zeigen jene Anlagen, die Sie aus früheren Leben mitgebracht haben.

Die Linien der rechten Hand (Arbeitshand)
zeigen, was Sie aus diesen mitgebrachten Anlagen bis jetzt gemacht haben. Die Linien der rechten Hand sollten sich im Verlauf Ihres Lebens verändern. Wenn sich Ihr Bewußtsein entwickelt, verändern sich auch Ihre Handlinien. Wenn Sie Ihre Hände immer aufmerksam beobachten, werden Sie überrascht sein, wie schnell sich Handlinien manchmal verändern können.

Betrachten Sie jetzt Ihre Handflächen. Nehmen Sie sich Zeit dazu. Was können Sie entdecken? Sehen Ihre beiden Hände gleich aus? Gibt es Unterschiede? Sind die Finger dick, kräftig, gut ausgebildet? Sind die einzelnen Finger eng aneinandergepreßt oder gespreizt, zeigen die Fingerspitzen alle in eine Richtung? Sind die Daumenspitzen nach hinten gebogen oder gerade? Wie sehen die

Linien aus? Kreuzen sie einander, bilden sie Figuren, glauben Sie in ihnen etwas Bestimmtes zu erkennen? Suchen Sie nach Zeichen und Symbolen und versuchen Sie, diese intuitiv zu deuten.

Was haben Sie entdecken können? Was haben Sie gespürt?

Haben Sie keine Angst davor, die Linien und Symbole eventuell nicht richtig zu deuten. Wenn Sie es in Liebe und Mitgefühl – und dem Bedürfnis zu helfen – tun, können Sie gar nichts falsch machen.

Haben Sie Mut und vertrauen Sie auf sich selbst! Lassen Sie Ihren kritischen Verstand beiseite und verbinden Sie sich mit Ihrem Höheren Selbst (innere Weisheit) und bitten Sie es um Führung und Schutz.

♥ *Nehmen Sie sich genügend Zeit für diese Übung! Studieren Sie Ihre Hände genau, schärfen Sie Ihren Blick für kleine Details und Besonderheiten in Ihren Handlinien.*

Partnerübung
Überblick

Person A und Person B sitzen einander gegenüber.
B hat seine Handinnenflächen nach oben gerichtet.
A befühlt Hände von B (mit geschlossenen Augen).
A teilt B mit, was er fühlt.

A betrachtet Hände von B (mit geöffneten Augen).
A teilt B mit, was er sieht.
B hört zu.

Wechsel:
A hat seine Handinnenflächen nach oben gerichtet.
B befühlt Hände von A (mit geschlossenen Augen).
B teilt A mit, was er fühlt.

B betrachtet Hände von A (mit geöffneten Augen).
B teilt A mit, was er sieht.
A hört zu.
Feedback. Hinterfragen der Aussagen.

B hat seine Handinnenflächen nach oben gerichtet.
A sucht nach Symbolen bei B.
A teilt B die gefundenen Symbole mit.

A hat seine Handinnenflächen nach oben gerichtet.
B sucht nach Symbolen bei A.
B teilt A die gefundenen Symbole mit.
Feedback. Hinterfragen der Aussagen.

Partnerübung
im Detail

Zuerst bringen Sie und Ihr Partner sich durch eine geeignete Meditation (siehe Seite 23) oder durch ein kurzes Gebet (Kerze, Duftöle, Musik usw.) in meditative Stimmung, damit sich Ihr Bewußtsein der Intuition leichter öffnen kann.

Sie und Ihr Partner sitzen einander gegenüber.

1. Sie nehmen die Hände Ihres Gegenübers – seine Handinnenflächen sind nach oben gerichtet – in Ihre Hände, schließen die Augen und fühlen einige Minuten lang in die Hände Ihres Partners hinein.

Lassen Sie sich Zeit. Spüren Sie in seine Seele hinein und nehmen Sie sie wahr! Bitten Sie Ihr Höheres Selbst (innere Weisheit), die Intuition fließen zu lassen.

Wie spüren sich seine Hände an?
Sind sie warm oder kalt?
Sind sie trocken oder feucht?
Sind sie klein oder groß?
Sind sie schwielig oder zart?
Sind sie weich ausgepolstert oder eher knöchern?
Sind es rauhe Arbeitshände oder eher
sensible Künstlerhände? …

2. Sie öffnen die Augen und teilen Ihrem Gegenüber mit, was Sie gespürt haben.

Sie könnten sagen:

Ich spüre, du hast warme kalte, feuchte … Hände –
deine Hände spüren sich weich an –
sie sind für mich so etwas wie eine Künstlerhand –
ich fühle, du bist ein sensibler Mensch – …

3. Betrachten Sie dann mit geöffneten Augen die Hände Ihres Partners.

Wie sehen die Hände innen und außen aus?
Wie ist ihre Färbung?
Sind sie blaß oder gut durchblutet?
Dunkelrot oder fleckig?
Ist die Haut zart oder grob? …

4. Sagen Sie Ihrem Gegenüber, was Sie sehen.
Ihr Partner hört aufmerksam zu und öffnet sich Ihren Worten.

Nun erfolgt der Wechsel:

5. Ihr Partner nimmt jetzt Ihre Hände in die seinen. Er schließt einige Minuten die Augen, um die Hände zu spüren. Dann teilt er Ihnen mit, was er wahrgenommen hat.

6. Ihr Partner betrachtet nun mit geöffneten Augen Ihre Hände.

Was kann er entdecken?
Wie sehen die Hände aus?
Wie ist ihre Färbung? …

7. Ihr Partner teilt Ihnen mit, was er sieht. Sie öffnen sich seinen Worten und hören aufmerksam zu.

8. Jetzt sollten Sie einander in einem kurzen Gespräch ein Feedback geben. Hinterfragen Sie, ob Ihre Aussagen und Eindrücke zutreffen oder nicht. Versuchen Sie, ein Echo zu bekommen.

9. Betrachten Sie jetzt nochmals die Hände Ihres Partners. Suchen Sie in seinen Handlinien nach Zeichen und Symbolen. Stellen Sie dabei Ihre inneren Antennen auf Empfang und versuchen Sie, diese „aus dem Bauch heraus" zu deuten!

10. Anschließend sucht Ihr Partner in Ihren Händen nach Zeichen und Symbolen und versucht, diese intuitiv zu deuten. Auch er muß seine inneren Antennen dazu auf Empfang stellen.

11. Feedback: Nun hinterfragen Sie die gemachten Aussagen wie beim ersten Mal.

Wie kommen die Aussagen bei ihm und bei mir an?
Was lösen sie bei ihm und bei mir aus?
Was können wir dabei erkennen?
Wie gehen wir damit um?

Seien Sie in diesem Gespräch ehrlich mit sich selbst und dem anderen!

♥ *Der Wechsel kann beliebig oft geschehen, bis beide eine gewisse Sicherheit beim intuitiven Handlesen erlangt haben.*

Wie entdecke ich Symbole?

Nun beginnt die Schule des intuitiven Handlesens. Niemand anderer als Sie selbst legt fest, was Sie in einer Hand lesen. Nur Ihnen allein bleibt überlassen, welche Figuren beziehungsweise Symbole Sie in den Handlinien erkennen. Was für Sie wie ein Mond aussieht, mag für einen anderen ein See sein. Für den einen mag wie ein Adler aussehen, worin ein anderer ein Flugzeug erkennt; für einen wiederum sieht wie ein Berg aus, was für Sie eine Pyramide sein kann. Ob Pfeil, ob Blume, ob See oder jedes andere Symbol, es kommt stets darauf an, Ihren Verstand auszuschalten und Ihrer Intuition freien Lauf zu lassen, damit sich Ihre medialen Fähigkeiten entwickeln können.

Haben Sie Mut, vertrauen Sie Ihrer Intuition!
Nur so werden Sie Ihre schöpferische Weisheit zum Ausdruck bringen können.

Wenn Sie ein Symbol nicht deuten können, schließen Sie Ihre Augen, werden Sie innerlich ganz ruhig und bitten Sie Ihr Höheres Selbst um Hilfe. Vertrauen Sie auf Ihre innere Stimme (Antwort). Die Deutung, die Ihnen zuerst ein-**fällt** – im wahrsten Sinne des Wortes –, ist die richtige.

♥ *Im nächsten Schritt wollen wir nun versuchen, die Symbole, die Sie wahrgenommen haben, zu deuten.*

Symboldeutung

Ich möchte Ihnen nun die häufigsten Symbole vorstellen, die ich in den Handlinien der Menschen, die zu mir kamen, angetroffen habe:

„A":

Sie sehen den Buchstaben „A"
in der Hand? Dies deutet hin auf:

- Anfang
- Neubeginn
- Loslassen

Bei welcher Hauptlinie befindet sich das „A"? Liegt es in der Nähe der Herzlinie? Will es einen Neubeginn in Liebesangelegenheiten anzeigen?

Oder ist das „A" nahe der Kopflinie oder Schicksalslinie und zeigt vielleicht einen geistigen Beginn an? Eine berufliche Veränderung?

♥ *Überlassen Sie sich Ihrer Intuition, um zu spüren, in welchem Bereich auf diesen Menschen ein Neubeginn oder Loslassen zukommen wird.*

Adler:

Sie erkennen einen Adler?

Er steht für:

- Alleingang

Dieser Mensch muß etwas allein durchstehen, erledigen. Es bleibt ihm nicht erspart, allein hindurchzugehen.

Der Adler, König der Lüfte, steht aber auch für:

- Kraft, (göttliche) Macht
- Weisheit
- Freiheit

Er signalisiert alles das, was er mit seiner Schönheit und Größe ausdrückt. Dieser Mensch besitzt die für die Bewältigung seiner Probleme und Aufgaben benötigte Kraft.

Wenn er sie allein bewältigt, wird er frei sein und es zu Macht und Weisheit bringen. Ein lohnendes Ziel!

♥ *Der Adler könnte aber auch starkes Gottvertrauen anzeigen.*

Apfel:

Sie erkennen einen Apfel?

Er ist ein Symbol für:

- Liebe und Fruchtbarkeit
- Hochzeit
- Verlockungen der Welt

♥ *Hier kann viel Schönes auf diesen Menschen zukommen: sei es nun Freundschaft, eine neue Liebe, ein Kind, eine Hochzeit …*
Lassen Sie Ihre Intuition zu, Sie werden das Richtige entdecken!

Auge:

Sie erkennen ein Auge?

Das Auge – auch ein Spiegel der Seele – steht für:

- göttliche Allwissenheit
- Schutz durch den Schutzengel
- Glaubenskraft

♥ *Spüren Sie intuitiv: Was trifft auf diesen Menschen zu?*
Vielleicht eine Berufung zum Priester- oder Pastoralamt, oder eine andere Berufung auf einen spirituellen Weg?

Auto:

Sie sehen ein Auto?

Rast dieser Mensch durchs Leben in:

- Streß und Hektik?
- Ist er ständig unterwegs?

Vielleicht sollte er all seine Kräfte und Talente aufeinander abstimmen und steuern – wie ein Auto –, um sein angestrebtes Ziel zu erreichen?

♥ *Sie können diesen Menschen anregen, sich mehr Ruhe zu gönnen, mehr auf sein Inneres zu achten, auch einmal ein Buch zu lesen, Meditation und Stille zuzulassen.*

Baum mit Wurzeln – breite Wege:

Sie sehen einen Baum mit verästelten Wurzeln?
Sie erkennen breit angelegte Wege?
Beide Symbole stehen für:

- Verwurzeltheit
- Erdverbundenheit

Dies kann aber auch hinweisen auf:

- Kontakt mit vielen Menschen
- Erfolg bei Menschen
- Menschen Stütze und Hilfe zu sein

Sie haben es mit einem gefestigten Menschen zu tun, auf den man bauen kann, der niemanden im Stich läßt und nicht leicht aus der Bahn zu werfen ist.

Berg:

Sie sehen einen Berg?

Er ist ein Symbol der Verbindung von Himmel und Erde. Mögliche Aussagen dazu:

- Dieser Mensch geht ohne Umwege auf seine Ziele zu.
- Er erreicht mühelos den Gipfel seines Lebens.
- Geistiger Aufstieg
- Bedeutsames Ereignis auf einem Berg

♥ *Diesem Menschen gelingt vieles mühelos. Ein geglücktes Leben!*

Bischofsmütze:

Sie sehen eine Bischofsmütze?

Dieser Mensch befindet sich:

- auf dem spirituellen Weg

Ist er gerade dabei, ihn zu beschreiten? Oder sollten Sie ihn vielleicht dorthin führen?

♥ *Reden Sie mit ihm darüber.*

Blatt:

Sie sehen ein Blatt in der Hand?

Dies kann für vieles stehen:

- sich wie ein Blatt im Wind zu drehen
- sich schwer entscheiden zu können
- sich von anderen bestimmen und in eine Richtung drängen zu lassen

Das Blatt steht aber auch für:

- Schönheit und Natur

Hat dieser Mensch einen ausgeprägten Sinn für Schönheit? Liebt er die Natur? Schenkt sie ihm Erholung und Kraft?

♥ *Versuchen Sie intuitiv zu spüren, wofür es bei diesem Menschen steht!*

Blume – Blüte – Blumenkranz:

Sie sehen eine Blume?
Sie ist ein Symbol für himmlische Seligkeit, Freude und das Leben.

- Etwas blüht (auf) im Leben dieses Menschen.

Bei welcher Hauptlinie liegt die Blume? Ist sie in der Nähe der Herzlinie, kann dies ein neues Glück in der Liebe verheißen oder eine Partnerschaft voll Zuwendung und Geborgenheit. Ist sie in der Nähe der Kopflinie, kommt möglicherweise ein beruflicher Erfolg auf diesen Menschen zu.

Brief:

Sie können einen Brief erkennen?

- Eine Nachricht!

Diesen Menschen erwartet eine Botschaft, die einiges in seinem Leben in Bewegung setzen, vielleicht auch verändern wird.
Erwartet er einen Brief, eine Nachricht? Ist sie schon eingetroffen? Oder wartet vielleicht jemand auf eine Nachricht von ihm, sollte er einen Brief schreiben?
Auf welcher Linie liegt das Symbol? Liegt es zum Beispiel auf der Herzlinie, wird es sich um eine gefühlsbetonte Nachricht handeln, liegt es auf der Schicksalslinie, kündigt es möglicherweise eine Veränderung der Lebensumstände an.

♥ *Versuchen Sie intuitiv zu spüren, was es diesem Menschen verheißt!*

Brücke:

Sie sehen eine Brücke?

Sie ist ein Symbol für:

- Verbindung
- Vermittlung
- Gemeinschaft
- geistige Hilfe
- Begegnung

Sehen Sie genau: Wo liegt die Brücke? In welchem Bereich wird dieser Mensch eine Verbindung eingehen? Wo wird ihm geholfen werden? Liegt sie in der Nähe der Kopflinie? Erwartet ihn geistige Hilfe? Liegt sie in der Nähe der Herzlinie und erwartet ihn Hilfe durch eine große Liebe? Sicher ist, daß Hilfe auf ihn zukommt. Das heißt für diesen Menschen: Augen offen halten!

Buch:

Sie sehen ein Buch? Das Buch des Lebens?

Es steht für:

- Ehrlichkeit
- Wissen und Weisheit
- Gebote und Glaubenslehre
- Aufnehmen des göttlichen Wortes

Liest dieser Mensch leidenschaftlich gern Bücher? Ist er ein Bücherwurm,

ein Sammler von Wissen? Dies kann eine Aufforderung für ihn bedeuten, sein angesammeltes Wissen weiterzugeben: in Vorträgen, Kursen, Veröffentlichungen, Büchern, Workshops oder einfach im Gespräch mit Menschen. Oder sollte er täglich in der Bibel lesen?

♥ *Versuchen Sie diesen Menschen dazu anzuregen, seine vielen Möglichkeiten zu entdecken.*

Buchstaben: Sie erkennen einen Buchstaben?

Sehen Sie einen oder auch mehrere Buchstaben, dann deutet dies hin auf eine:

- karmische Wiederbegegnung

Dieser Mensch erfährt eine schicksalhafte Begegnung – sei sie nun positiv oder negativ – mit einem Menschen, dessen Name mit diesem Buchstaben beginnt. Mit diesem Menschen hat er noch etwas zu lösen.

♥ *Ein Buchstabe in den Handlinien kann individuell sehr unterschiedliche Bedeutung haben. Klären Sie gemeinsam mit diesem Menschen, was er für ihn bedeutet.*

Dach: **Sie sehen ein Dach?**

Dies ist ein wunderbares Symbol!
Es bedeutet:

- für andere Dach zu sein (umhüllen, bedecken)
- Geborgenheit und Schutz
- Führungsqualität, Liebe

Wo kann dieser Mensch für andere ein Dach (Schutz) sein? In der Partnerschaft? Für seine Kinder? Im Beruf oder der Berufung? Für Kinder und Jugendliche in Not? Oder für ältere Menschen? Für hilfesuchende und ratlose Menschen?
Es handelt sich hier um einen gefestigten, großherzigen und liebevollen Menschen mit Führungsqualitäten, der anderen Geborgenheit geben und Stütze sein kann.

♥ *Ein besonderer Mensch steht vor Ihnen!*

Dreiecke (klein): **Sie sehen kleine Dreiecke (=Heilerdreiecke)?**

Dies ist ein Hinweis auf:

- heilende Fähigkeiten

Fühlen Sie sich ein: Wie könnte dieser Mensch seine Heilerqualität einset-

zen? Wie könnte er sie entwickeln? Sollte er massieren, Chiropraktik oder Energiearbeit erlernen, Menschen betreuen und pflegen?

♥ *Es gibt zahllose Möglichkeiten, Ihre Intuition wird Sie führen!*

Engel:

Sie sehen einen Engel?
Er bedeutet:

- hohen Schutz, Schutzengel
- Weisheit, Bewußtwerdung
- Wachstum

Dieser Mensch ist in seinem Wachstum und seiner Entwicklung nicht mehr aufzuhalten! Er wird geführt in allem, was er unternimmt.

Fingerspitzen (violett, rötlich):

Sie haben rötliche oder violette Fingerspitzen vor sich? Dies ist ein deutlicher Hinweis auf:

- Heilerfähigkeiten!

Ein Mensch mit einer besonderen Begabung steht vor Ihnen. Er könnte seine Fähigkeiten als Arzt, Kranken-,

Fuß- oder Altenpfleger, Masseur, Psychologe, Astrologe, Handleser, Berater, Fürsorger, Sozialarbeiter u.a.m. zum Wohle der Menschheit einsetzen.

♥ *Betätigt er sich bereits in einem dieser Bereiche? Wie könnte er seine Fähigkeiten entwickeln?*

Fragezeichen: Sie sehen ein Fragezeichen?

?

Es bedeutet:

- Ist das Leben eine einzige Frage?

Hat dieser Mensch nicht die Kraft, sich für einen Weg zu entscheiden? Schwirrt sein Kopf voller Fragen und Entscheidungsmöglichkeiten?
Wichtig für ihn ist, immer den nächsten Schritt, der zum Ziel führt, zu planen. Einen nach dem anderen. Auch wenn es große Ziele sind – so führen doch nur kleine Schritte dorthin.

♥ *Es bringt nicht viel, wenn die Energien in den Fragen des Lebens steckenbleiben. Dies führt nirgendwohin.*
Zeigen Sie diesem Menschen, wie er einen ersten kleinen Schritt tun kann.

Geist – schemenhaftes Gesicht:

Sie sehen einen Geist?
Ein schemenhaftes Gesicht?
Erschrecken Sie nicht! Es kann tatsächlich ein Geist sein, aber im positiven Sinne:

- eine Energie, die beschützt
- eine Energie, die Hilfe gibt (aus kosmischer Sicht), ein Schutzgeist
- das Bild des Höheren Selbst

♥ *Vielleicht kann der Mensch selbst herausfinden, was es für ihn bedeutet.*

Gitter:

Sie sehen ein Gitter?
Es zeigt an:

- Unentschlossenheit
- Mangel an Entscheidungskraft
- Fehlen von Klarheit und Zielen
- Absonderung von anderen (der Umwelt)

Das Bewußtsein dieses Menschen ist noch nicht ganz klar, er weiß nicht so recht, was er will, was sein Ziel ist. Er kann sich nicht entschließen, welchen Weg er gehen soll.

♥ *Versuchen Sie gemeinsam, klare Ziele abzustecken!*

Glocke:

Sie erkennen eine Glocke?

Das bedeutet für diesen Menschen:

- eine wichtige Mitteilung
- die Stimme Gottes

Diesem Menschen wird Großes und Wichtiges mitgeteilt werden. Vielleicht auch ein frohes Ereignis.
Es kann auch sein, daß er aufgefordert ist, mehr auf seine innere Stimme zu hören.

♥ *Versuchen Sie zu erspüren, was die Glocke mitteilt, was sie für diesen Menschen bedeutet.*
Könnte es vielleicht sogar heißen, etwas Bestimmtes nicht an die große Glocke zu hängen?

Herz:

Sie erkennen ein Herz?

Es muß nicht ein genau ausgebildetes Herz sein!
Ein herzförmiges Symbol zeugt von:

- Herzlichkeit und Liebe
- Offenheit
- Freundschaft
- Gottes Liebe

Es sagt aus, daß dieser Mensch in seinen Beziehungen sehr herzlich ist, ein

liebevolles Herz hat, mit Liebe auf Menschen zugeht. Es kann auch sein, daß ihm die große Liebe begegnet. Möglich ist auch, daß er Gottes Liebe in allem erkennt, was ihm in seinem Leben widerfährt. Er ist aufnahmebereit in vielerlei Hinsicht und sollte einen Beruf ergreifen, der ihn mit vielen Menschen in Kontakt bringt.

Insel:

Sie sehen eine Insel?

Sie steht für:

- Hindernis
- Zwangspause
- Durchhalten
- Teilnahmslosigkeit
- Krankheits- oder Regenerationsphase

Wie in der Natur ist eine Insel in einer Handlinie ein Hindernis, um das ein Fluß herumfließen muß. Daher fließt er nicht mehr so schnell. Dies hat einen meist passiven Wartezustand zur Folge und verlangt Durchhaltevermögen. Eventuell müssen auch Verluste verkraftet werden. Möglicherweise zieht man sich auch enttäuscht in seine eigene Welt zurück.

♥ *Wichtig ist, in welcher Linie eine Insel liegt. Dementsprechend ist das Hindernis.*

Kelch – Füllhorn:

Sie haben einen Kelch oder ein Füllhorn in den Handlinien erkannt?

- Es eröffnet sich Großes!
- Wohlstand

Diese beiden Symbole verheißen: Großes wird sich diesem Menschen eröffnen. Sie stehen auch für Glück, Frieden und reiche Ernte. Bei welcher Linie liegt das Symbol? Näher zur Herzlinie: Tiefe Erfahrungen in Liebesangelegenheiten stehen diesem Menschen bevor. Nahe der Kopflinie: Großartige, wichtige Geschehnisse im beruflichen Umfeld warten auf ihn.

♥ *Was kann es für diesen Menschen sein? Vertrauen Sie Ihrer Intuition!*

Kette:

Sie sehen eine Kette?

Sie steht für:

- Verbundenheit
- Sinnbild der Beziehung
- Gebet

Dieser Mensch fühlt sich einem oder mehreren Menschen sehr verbunden. Oder findet er Stärke im Gebet?

Kettenformen am Handgelenk:

Sie sehen deutliche Kettenformen am Handgelenk, gekoppelt mit waagrechten Linien über das ganze Gelenk?
Sie deuten hin auf:

- eine schwierige Zeit
- finanzielle Probleme

Der Weg dieses Menschen könnte noch schwierig werden oder schon schwierig gewesen sein.

♥ *Vergessen Sie nicht: Jede Schwierigkeit beinhaltet die Gelegenheit zu neuem Wachstum!*

Kirchturm:

Sie sehen einen Kirchturm?
Er zeigt an:

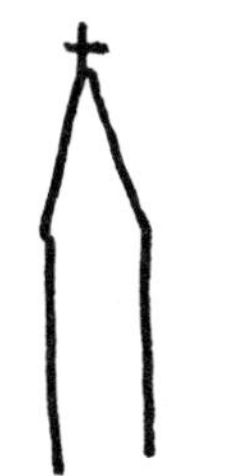

- Macht auf geistiger Ebene
- Distanz
- Überblick
- Übersteigen des alltäglichen Niveaus
- Wunsch: Priester, Prediger zu werden oder einen spirituellen Weg zu beschreiten

Er könnte aber auch hinweisen auf:

- Weltabgeschiedenheit
- Hochmut, Maßlosigkeit

♥ *Finden Sie gemeinsam mit diesem Menschen heraus, was dieses Symbol für ihn bedeutet!*

Kosmische Landkarte:

Sie erkennen eine kosmische Landkarte?

Dieses Symbol deutet auf:

- starke Führung von oben (geistiger Führer)

Dieser Mensch hat einen geistigen Führer, der ihm zur Seite steht und ihm Schutz, Kraft und Hilfe gibt.

Kreis – Kugel – Ring:

Sie sehen einen Kreis, eine Kugel oder einen Ring?

Es sind Symbole der Ewigkeit. Sie stehen für:

- Vollkommenheit
- Treue (Ehe)
- Freundschaft (Verlobung)
- Verbindung

Sie bedeuten aber auch:

- Rettung
- Rettungsanker

♥ *Ein Symbol, das viel aussagt. Lassen Sie Ihre Intuition zu!*

Kreuz:

Sie sehen ein zartes kleines Kreuz? Oder viele Kreuze? Oder ein großes Kreuz und ein kleines Kreuz?

Dieses Symbol verheißt:

- Kreuzweg!

Kreuze stehen für einen dornenreichen Weg, der vor diesem Menschen liegt (er kann aber auch schon hinter ihm liegen).
Dieser Mensch sollte einen geistigen Weg beschreiten, auf dem er Körper, Seele und Geist in Harmonie bringen kann.
Am Ende erwartet ihn aber als Lohn für alle Mühen die Belohnung.

♥ *Ist das nicht etwas, was Hoffnung und Freude bringt?*

Krone:

Sie entdecken eine Krone?

Diese verheißt:

- einen Höhepunkt im Leben (Krönung)
- Festlichkeit
- Würde, Macht, Weihe

Eine Krone ist sehr selten in den Handlinien anzutreffen; sie bedeutet ein Geschenk für diesen Menschen und deutet auf einen Höhepunkt in seinem Leben hin, den er erreichen wird (als Künstler, Schauspieler, Sänger, im Königshaus usw.).
Er darf sich darauf freuen.

Linien (tief eingegraben):

Wenn Sie in der Innenfläche der Hand tief eingegrabene Linien sehen, spricht das für:

- eine sehr alte Seele
- Wissen und Weisheit

Hier handelt es sich mit Sicherheit um eine sehr alte Seele; dies zeigt aber auch Wissen und Weisheit an.
Dieser Mensch konnte sich aufgrund zahlreicher früherer Leben sehr weit entwickeln.

„M“

Sie erkennen in den Handlinien ein großes „M“?

In der rechten Hand bedeutet dies:

- Macht
- materiellen Erfolg

In der linken Hand zeigt es an:

- Medialität

Dieser Mensch ist aufgefordert, sich spirituell zu entwickeln.

Mauer:

Sie sehen eine Mauer?

Sie bedeutet:

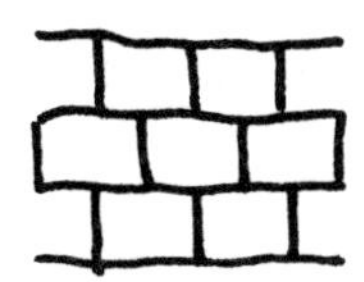

- Symbol des Schutzes
- Ohnmacht, Ausgeliefertsein
- eine trennende Mauer
- eine unsichtbare Mauer (Feindschaft, Kälte, Mißtrauen, Schweigen, Vorurteile)

♥ *Dieser Mensch kann am besten selbst fühlen, was die Mauer sein kann.*

Möwe:

Sie erkennen eine Möwe?

Sie sagt Ihnen:

- Loslassen! Frei sein!

Geh endlich fort! Laß Los! Flieg! Ich weiß, du liebst die Freiheit! Lebe!
Es handelt sich hier um einen Menschen, der freiheitsliebend ist und sich doch nicht fortbewegt, weil er seine Sicherheit nicht verlieren will. Vielleicht ist jetzt die Zeit gekommen und er ist reif loszulassen? Loslassen von dem, was ihn bereits krank macht.

Mond:

Sie sehen einen Mond, den Beherrscher der Nacht, der das Licht der Sonne reflektiert?

Er steht für:

- Wandel und Wachstum
- Leuchten für andere
- wechselnde Gestalt
- Mystik

Der Mond steht für einen besonderen Menschen: ein Mensch, der leuchtet, wenn in und um andere Menschen Dunkelheit ist; der Licht abgibt, welches er aus der geistigen Welt – oder von Gott – geschenkt bekommt. Ein Mensch, der den Wandel liebt und das Wachstum, der um seine Qualitäten weiß, sie lebt und im Dienste an der Menschheit einsetzt.

Mondberg (sehr ausgeprägt):

Sie sehen ausgeprägte Mondberge? Sie deuten hin auf:

- starke Intuition
- mediale Fähigkeiten
- Phantasie, Romantik
- Talente

Hat jemand ausgeprägte Mondberge, dann besitzt er mediale Fähigkeiten, starke Intuition, viel Phantasie und einen Hang zur Romantik. Er träumt manchmal von unerreichbaren Zielen, anstatt in der Realität zu bleiben. Doch vielleicht übersieht er dabei die vielen Talente und Möglichkeiten, die in ihm vorhanden sind.

♥ *Helfen Sie intuitiv mit, die Talente und Fähigkeiten des Menschen zu entdecken!*

Mondberg, tief eingegrabene Linien:

Sie sehen in den Mondbergen tief eingegrabene Linien? Dieser Mensch darf sich freuen.
Es erwarten ihn:

- Ruhm
- Ehre
- Macht
- Reichtum

Tief eingegrabene Linien auf den Mondbergen zeigen an, daß der Mensch es zu Ruhm, Ehre, Macht und Reichtum bringen wird! Es muß nicht sofort sein, die Zeit wird aber kommen.

Netz

Sie sehen ein Netz?

- Ein Netz, das auffängt?
- Ein Netz, das trägt?
- Ein Netz, das rettet?
- Das soziale Netz einer Gemeinschaft?
- Ein Netz über dem Kopf? (nichts sehen – Ängste, Zwänge)
- Eine Netzfalle?

Es gibt zahlreiche Möglichkeiten, ein Netz zu deuten!
Netze sind auch Eischränkungen, aus denen man oft schwer einen Ausweg findet. Befinden sie sich am Venusberg, wird die Energie durch eigene Interessen blockiert.

♥ *Überlegen Sie gemeinsam mit diesem Menschen, was es für ihn bedeuten kann.*

Palmblatt:

Sie sehen ein Palmblatt!

Dies verspricht eine:

- Reise zur Palmblattbibliothek

Haben Sie schon von der „Palmblattbibliothek" gehört? Dort sind Vergangenheit, Gegenwart und Zukunft derjenigen Menschen aufgezeichnet, die irgendwann einmal in ihrem Leben diese Bibliothek aufsuchen werden. Wenn Sie in der Hand eines Menschen das Palmblatt sehen, dann wird er nach Indien zu dieser Bibliothek geführt werden. Dort wird für ihn eine wichtige Botschaft bereitliegen. Wie aufregend!

Pfeil:

Sie sehen einen Pfeil?

Er steht für:

- Liebe und Partnerschaft
- Schnelligkeit
- scharfe Worte

Es gibt mehrere Möglichkeiten, einen Pfeil zu deuten: Auf jeden Fall hat er mit Liebe und Partnerschaft zu tun. Es kann der Liebespfeil sein, der diesen Menschen in nächster Zeit treffen wird oder ihn schon getroffen hat. Es kann aber auch ein Stich ins Herz

sein, die Liebe betreffend. Wurde er in seiner Seele verletzt wie von einem Pfeil? Oder lebt, arbeitet, bewegt er sich vielleicht so schnell wie ein Pfeil? Trifft er seine Entscheidungen, ohne viel zu überlegen, pfeilschnell?
Oder könnte es sich gar um scharfe Worte handeln, die wie ein Pfeil andere Menschen treffen?

♥ *Es bleibt Ihrer Intuition überlassen, dies für diesen Menschen zu deuten.*

Punkte (weiß oder rot): Sie sehen weiße oder rote Punkte in den Handflächen?

Sie bedeuten:

- geweinte Tränen
- ungeweinte Tränen

Es können sowohl geweinte als auch ungeweinte Tränen, Schmerz und Leid sein, die der Mensch schon erlitten hat oder noch erleiden wird.
Tränen reinigen aber auch die Seele, sie waschen den Seelenschmutz ab. Die Seele braucht regelmäßige Reinigung wie der Körper, den wir täglich waschen. Denken Sie daran: Schmerz und Leid lassen den Menschen wachsen und sich weiterentwickeln.

Schwammerl (Pilz):

Sie sehen ein Schwammerl?
Es verheißt diesem Menschen:

- Glück!

Ein Glückszeichen: Es zeigt etwas Wunderbares an. In welchem Bereich kommt Glück auf diesen Menschen zu? Schauen Sie genau: Wo liegt das Schwammerl? Liegt es näher zur Herz-, Kopf-, Lebens- oder Schicksalslinie? Wo kann dieser Mensch Glück erwarten?

♥ *Lassen Sie Ihre Intuition sprechen!*

Segelschiff:

Sie sehen ein Segelschiff?
Es ist ein Symbol für Lebensfahrt und Reise. Es zeigt an:

- Hin-und-her-getrieben-Sein
- Fernweh
- Reisetätigkeit
- Einlaufen in einen Hafen

Kann dieser Mensch sich nicht entscheiden? Ist er ein Mensch, der es nirgendwo lang aushält, geplagt vom Fernweh, ständig umherreisend, mit dem innigen Wunsch, endlich einmal in einen sicheren Hafen einzulaufen?

♥ *Vielleicht können Sie mit diesem Menschen klären, ob er noch selbst sein Leben steuert oder ob er sich vom Wind hin und her treiben läßt. Was könnte ein Rettungsring für ihn werden? Wo ein Anker für ihn sein?*

Sonne:

Sie sehen eine Sonne?
Sie ist die Verkörperung des Lichtes.
Sie bedeutet:

- Lichtquelle
- Fröhlichkeit
- für andere eine Sonne zu sein
- Symbol für Gott

Es handelt sich hier um einen offenen, sonnigen Menschen, fröhlich im Herzen, der bereitwillig seine innere Sonne Menschen weitergibt, der für andere da ist, indem er sie aufheitert und erfreut. Sein Wesen ist gleichzeitig auch seine Aufgabe!
Berufe wie Berater, Sozialarbeiter, Verkäufer, Schauspieler, Sänger, Kellner, Hosteß, Arzt, Zahnarzt, Fürsorger, Friseur, Fußpfleger und ähnliches, in denen er auf Menschen zugeht, mit Menschen Kontakt hat, sind für ihn geeignet.

Stern:

Sie erkennen einen Stern in der Hand?

Er ist ein Symbol für:

- Lichtquelle
- geistige Erleuchtung

Schauen Sie genau: Wo liegt der Stern? Liegt er in der Nähe einer Hauptlinie? Ist er näher der Lebenslinie, hat er mit Gesundheit (Heilwerden) zu tun. Ist er nahe der Herzlinie, zeigt er lichte Zeiten in Herzensangelegenheiten an, er verheißt ein Licht am Ende der Dunkelheit. Ist er bei der Kopf- oder Schicksalslinie, deutet dies auf erfreuliche Umstände im beruflichen Umfeld hin.

♥ *Lassen Sie Ihre Intuition sprechen!*

Sternzeichen:

Sie sehen eines der zwölf Sternzeichen:

Widder, Stier, Zwilling, Krebs, Löwe, Jungfrau, Waage, Skorpion, Schütze, Steinbock, Wassermann oder Fisch? Dies spricht für eine:

- karmische oder schicksalhafte Begegnung

Es handelt sich hier um eine karmische Wiederbegegnung. Gibt es bereits einen Menschen mit diesem Sternzeichen in seinem Bekanntenkreis?

Fühlt er sich einem Menschen dieses Sternzeichens verbunden (positiv wie negativ)? Mit diesem Menschen hat er in diesem Leben noch etwas zu lösen.

Tor – Tür: **Sie sehen ein Tor?**

Es ist ein Symbol des Übergangs von einem Bereich in den anderen.

- Ein Tor öffnet sich!
- Ein verschlossenes Tor?

Für diesen Menschen öffnet sich ein Tor. Es wird wieder hell werden! Wo liegt das Tor? Liegt es nahe der Herzlinie, öffnet sich für ihn in der Beziehung – in der Liebe – ein Tor, eine Tür zum Herzen des geliebten Menschen.
Oder liegt es in der Nähe der Lebenslinie, ist/war seine Gesundheit gefährdet, wird aber wieder hergestellt.

♥ *Sie sehen ein verschlossenes Tor? Bedeutet es ein Verbot, ein Geheimnis oder einen Ausschluß? Was könnte auf diesen Menschen zutreffen?*

Venusberg: Wenn der Venusberg (Daumenballen) stark ausgeprägt ist, bedeutet das:

- große Möglichkeiten!

Dieser Mensch hat große Möglichkeiten: Viel und Großes wird er in seinem Leben bewegen können; es erwarten ihn große Ziele und hohe Werte. Wenn sich im Ballen des Daumens, dem Venusberg, ein Symbol befindet, so wird der Mensch fast in allen Dingen glücklich sein; jedermann liebt ihn und bringt ihm Vertrauen entgegen.

♥ *Kann er seine Möglichkeiten selbst erkennen?*

Vierecke (klein):

Wenn Sie viele kleine Vierecke und waagrechte Linien am Handballen vor sich haben, spricht dies für:

- Auslandsreise
- Aufbruch

Diese Kombination bedeutet, daß dieser Mensch viel mit dem Ausland zu tun hat. Es wäre auch möglich, daß er Glück im Ausland hat! Oder ist er ein ewig ruheloser Reisender?

Die Vierecke können auch einen Aufbruch anzeigen, der diesem Menschen zu größerem Wachstum verhilft.

♥ *Spüren Sie intuitiv, was für ihn stimmig ist!*

Vierecke (groß): Sie erkennen große Vierecke?

Dieser Mensch ist:

- ein Lehrertyp
- eine Führungspersönlichkeit
- ein Manager

Er hat die Begabung zu lenken, zu führen, zu erklären, zu begeistern. (Lehrer, Direktor, Schulleiter, Lebensberater, Vortragender, Seminarleiter, Gruppenleiter, Chef). Er ist ein Mensch mit vielen Führungsqualitäten.
Ein Viereck (Rechteck) kann auch bedeuten, daß dieser Mensch die Fähigkeit und das Talent besitzt, Wissen und Information weiterzugeben (Lehrer).

♥ *Übt er bereits einen derartigen Beruf aus?*

Wasser (See): **Sie sehen Wasser, einen See?**

Es ist ein Symbol für:

- Reinigung und Klarheit

Dies deutet auf Reinigung und Klarheit hin; es kann sein, daß sich in einer bestimmten Angelegenheit für diesen Menschen etwas klärt. Es kann aber auch sein, daß ein klarer Mensch vor Ihnen steht! Wasser steht auch für Leben und Lebendigkeit.

Zahlen: **1, 2, 3, 4, 5, usw.**
Sie erkennen Zahlen?

Die Zahl, die Sie sehen, bedeutet:

- Jahre, Intervall, Abstand

Zahlen symbolisieren Jahre, in denen etwas Positives oder Negatives passieren kann.
Sehen Sie z. B. die Zahl Acht in der Hand, wird sich alle acht Jahre im Leben dieses Menschen etwas Wesentliches ereignen. Es bleibt seiner Intuition überlassen, dies für sich zu deuten.

Zaun: **Sie sehen einen Zaun?**

Er bedeutet:

- Grenzen zu ziehen
- Grenzen zu erweitern

Der Zaun steht für Grenze. Gibt es im Leben dieses Menschen eine besondere Grenze, die ihn tief schmerzt, worunter er leidet? Oder sollte er in einem bestimmten Bereich selbst eine Grenze setzen? Es wäre auch möglich, daß er zu viele Grenzen zieht und sich dabei so abmauert und verschließt, daß er den Kontakt zu jenen Menschen verliert, den er sich innerlich wünscht.

♥ *Spüren Sie intuitiv – gemeinsam mit diesem Menschen –, was mit ihm los ist!*

Zelt oder Pyramide:

Eine Pyramide oder ein Zelt deuten hin auf:

- Schamane, Indianer
- Leben in Ägypten

Dieser Mensch war in einem früheren Leben (Inkarnation) ein Schamane, ein Indianer, oder er lebte in Ägypten!

♥ *Was sagen Sie zu dieser Eröffnung?*

Es gibt noch eine Vielzahl von Symbolen. Sie werden sie mit der Zeit ganz von selbst entdecken. Verlassen Sie sich bei ihrer Deutung ganz auf Ihre Intuition. Nehmen Sie die Hände Ihres Gegenübers in die Ihren und lassen Sie Ihre Seele sprechen.

Sollten Sie einmal ein Zeichen in einer Hand sehen, das Sie nicht deuten können, schließen Sie Ihre Augen und bitten Ihr Höheres Selbst um Hilfe. Die Deutung, die Ihnen zuerst einfällt, ist die richtige.

Vieles kann sich symbolisch in den Händen eines Menschen manifestieren. Beachten Sie jedes noch so kleine Symbol, das Sie in den Handlinien erkennen können. Sprechen Sie darüber, teilen Sie Ihre Einsichten mit. Überlegen Sie gemeinsam mit Ihrem Gegenüber, wie er die gewonnenen Erkenntnisse in seinem Leben umsetzen kann. Zeigen Sie ihm eine Reihe von Möglichkeiten – und lassen Sie ihn dann selbst entscheiden. Denn tief in seinem Inneren weiß seine Seele, was für ihn gut und richtig ist. Ihre Aufgabe ist es lediglich, ihn daran zu erinnern.

Sie werden erfahren, wie gewinnbringend dies für diesen Menschen und auch für Sie selbst sein kann. Und es wird Sie und andere Menschen glücklich machen!

♥ *Eine Liste der Symbole in Stichworten finden Sie auf Seite 85.*

Die Hauptlinien der Hand

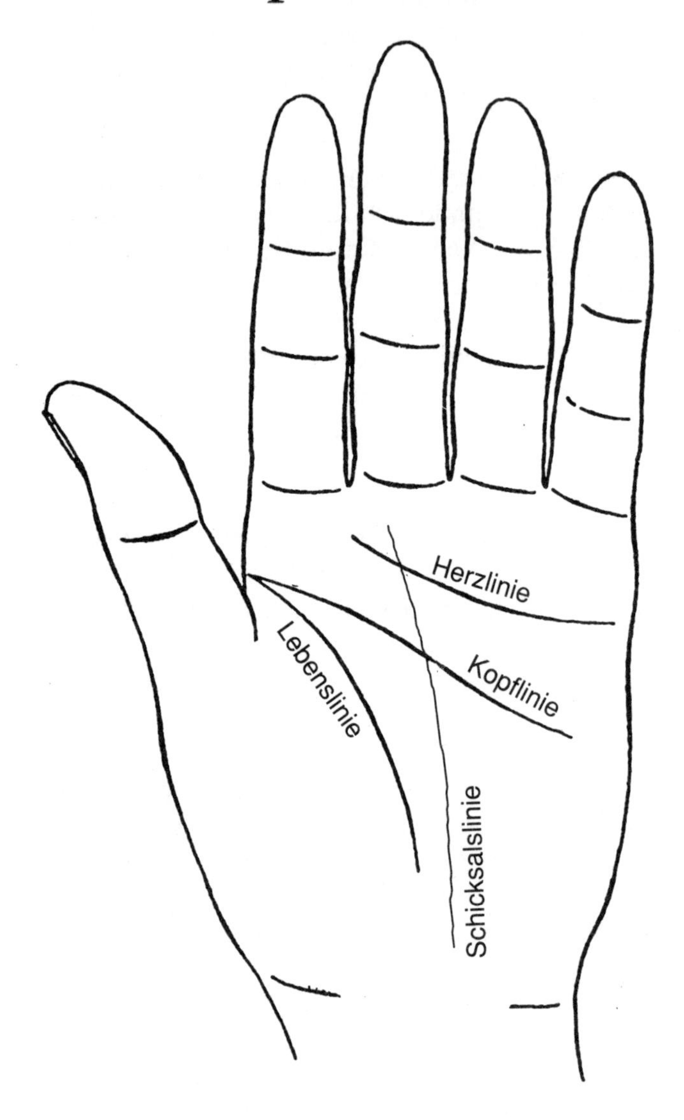

Die Hauptlinien der Hand

Jede menschliche Hand hat eine Lebenslinie, eine Kopflinie und eine Herzlinie, die Energien und Kraft eines Menschen spiegeln. Diese Hauptlinien sind in der Hand ein Leben lang vorhanden. Andere Linien – wie die Schicksalslinie – entstehen neu, verändern sich und können wieder verschwinden. Bleibt ein Mensch in seinem Denken, Fühlen, Handeln – in seiner Entwicklung also – stehen, verändern sich auch seine Linien nicht.

Vielleicht hat dieser Mensch Angst vor Veränderung, vielleicht will er alte Sicherheiten nicht aufgeben, vielleicht bewegt er sich in eingefahrenen Bahnen und Mustern und kann sie nicht verlassen, obwohl diese Muster für ihn schon lange nicht mehr passen. (So wie wir lieber auf der gewohnten breiten Hauptstraße fahren, als in eine unbekannte Nebenstraße einzubiegen!)

Die Menschen haben die Aufgabe, sich in jeder Inkarnation weiterzuentwickeln. Und ab dem Tag, an dem der Mensch sich durchringt und es ihm gelingt, sich zu verändern und seine Entwicklung fortzusetzen, verändern sich auch die Linien in seiner Hand. Alle Veränderungen im Leben – seien es Erfolg, Mißerfolg, Glück, Trennung, Krankheit, Unglück, berufliche oder partnerschaftliche Veränderungen – manifestieren sich auch in den Linien und Symbolen der Hand.

Die Lebenslinie

Die Lebenslinie (siehe Seite 70) beginnt zwischen Daumen und Zeigefinger und verläuft in einem Bogen um den Daumenballen herum.

Sie informiert über Gesundheit, Lebenskraft, sexuelle Vitalität, Temperament, Gefahren, Risiken sowie persönliche und finanzielle Erfolge, zeigt aber auch die Intensität an, mit der der Mensch lebt.

Die Länge der Lebenslinie sagt nichts über die Länge des Lebens aus, was unverantwortlicherweise oft so interpretiert wird und Angst macht. Sie drückt lediglich die Lebensintensität aus: Wie intensiv sind die Gefühle dieses Menschen? Wie sehr konfrontiert er sich mit dem Leben? Wie bewältigt er seinen Alltag? Die Lebenslinie spiegelt das Leben mit seinen Höhen und Tiefen wider.

Ein Mensch, dessen Hand eine zartere Lebenslinie aufweist, wird wohl stiller und unauffälliger sein, kann aber trotzdem ein sehr intensives Leben leben. Diese Menschen sind oft gute Zuhörer.

Verläuft neben der Lebenslinie eine zweite Linie, bedeutet das, daß der betreffende Mensch in der Lage ist, ein zweites, völlig neues, unkonventionelles, kreatives Leben zu beginnen.

Was kann mir die Lebenslinie sagen?

Ist die Lebenslinie an ihrem Anfang mit der Kopflinie verbunden?
Das könnte beruflichen Erfolg für diesen Menschen verheißen.

Ist sie an ihrem Anfang von der Kopflinie getrennt?
Möglicherweise deutet dies auf zu große Ungeduld hin.

Hat sie Äste, die sich nach oben verzweigen, zum Zeigefinger hin?
Dies zeigt Tüchtigkeit an, die zu großem beruflichem Erfolg führt.

Hat sie Äste, die sich abwärts zur Handwurzel verzweigen?
Dies deutet auf mögliche materielle Verluste hin.

Bricht sie plötzlich ab?
Dieser Mensch sollte mehr auf seine Gesundheit achten und sich eine gesündere Lebensweise aneignen.

Ist die Lebenslinie dünn und kettenartig?
Dieser Mensch hat geringe Abwehrkräfte. Sein Immunsystem könnte mit Vitaminen und einer vollwertigen Ernährung gestärkt werden.

Ist die Lebenslinie tief und klar?
Dies zeigt robuste Gesundheit an.

Kreuzen viele kleine Linien die Lebenslinie?
Dies deutet auf Ärger und Verdruß hin.

Sehen Sie eine zweite (doppelte) Lebenslinie?
Ist in der Hand eine zweite Lebenslinie vorhanden, so wird dieser Mensch – im Anschluß an die erste Lebenslinie – die zweite Linie leben, d.h. einen völlig anderen Lebensweg einschlagen und dadurch sehr erfolgreich werden und es zu Ruhm und Ansehen bringen. Dies kann aber auch auf einen Aussteiger hinweisen!

Weist die Lebenslinie Unterbrechungen (einen Bruch) auf?
Unterbrechungen zeigen kleine Unzulänglichkeiten des Körpers (oder Probleme im Umfeld) an; deren Bewältigung aber ermöglicht einen Neubeginn. Es eröffnen sich diesem Menschen neue Möglichkeiten und neue Chancen.

Ist die Lebenslinie kurz?
Eine kurze Lebenslinie sagt in keinster Weise aus, daß das Leben kurz sein wird. Entwickelt sich dieser Mensch bewußtseinsmäßig weiter, so kann sich die Lebenslinie verändern.

Münden in die Lebenslinie viele Linien vom Venushügel her, so zeigt dies an, daß dieser Person sehr viel Energie zur Verfügung steht. Sind diese Linien aber wenig bis gar nicht sichtbar, so leidet der Mensch unter einem starken Energiemangel.

Kreuzen diese Linien jedoch die Lebenslinie, bedeutet das, daß die Gefühlswelt und die Handlungen des betreffenden Menschen stark vom Unbewußten regiert werden.

Die Kopflinie

Die Kopflinie (siehe Seite 70) beginnt zwischen Daumen und Zeigefinger, über oder direkt an der Lebenslinie. Sie betrifft Kopf und Nervensystem und gibt Aufschluß über die Richtung und Qualität unserer Gedanken; sie zeigt, wie sehr der Mensch Kontrolle über sein Denken, Sprechen und Handeln hat.

Die Kopflinie informiert darüber, wie der Mensch seine Fähigkeit zu denken und den Verstand einsetzt. Dies hat nichts mit Schulbildung zu tun! Starke Linien deuten auf gute Konzentrationsfähigkeit hin.

Eine kurze Kopflinie dringt nicht zum anderen Menschen – zum Du – durch, sie zeigt an, daß der Mensch in erster Linie an seinen Vorteil denkt. Diese Linie macht den Weg vom Ich – von der Person – zur Erreichung der Ziele in der Welt deutlich.

So erzählt die Kopflinie nicht nur von den intellektuellen Fähigkeiten, sie zeigt vielmehr auch unsere Macht und Kontrollfähigkeit über uns selbst und unsere Aktivitäten.

Wenn Sie lernen, Ihre Gedanken und Ihren Verstand bewußt einzusetzen, so verändert sich Ihre Kopflinie mit!

Was kann mir die Kopflinie sagen?

Teilt sich die Kopflinie an ihrem Ende?
Dieser Mensch ist bereits offen, aufnahmebereit für alles Spirituelle. Die Zeit für Veränderungen ist gekommen.

Ist die Kopflinie an den Enden geschlossen?
Dieser Mensch ist noch nicht offen für neues Gedankengut; er will alte, ausgetretene Wege weitergehen, will sich nicht verändern. Er ist noch nicht bereit für Veränderung, er braucht Zeit, um zu wachsen, Zeit der Ruhe und Reife.

Verläuft sie an ihrem Beginn gemeinsam mit der Lebenslinie?
Möglicherweise deutet dies auf Ablösungsängste von Gewohntem hin (zu konservative Lebenseinstellung – zu vorsichtige Haltung).

Sind Kopflinie und Lebenslinie an ihrem Beginn voneinander getrennt?
Je größer der Abstand am Ausgangspunkt der beiden Linien ist, desto rigoroser ist dieser Mensch in den Entscheidungen, die sein Leben betreffen. Er wird nicht davor zurückscheuen, riskante Unternehmungen zu wagen, und fürchtet sich nicht vor eventuellen negativen Konsequenzen. Ein solcher Mensch versteht es, aus Rückschlägen und Fehlern zu lernen. Dieser Mensch kann sich gut anpassen, ist diplomatisch und wird dadurch Erfolg haben.

Ist die Kopflinie lang und tief eingegraben?
Guter Intellekt, vernunftbetontes Verhalten, gutes Merkvermögen zeichnen diesen Menschen aus.

Verläuft die Kopflinie wellenförmig?
Dieser Mensch ist geistig sehr beweglich, manchmal aber auch unentschlossen.

Sie sehen auf der Kopflinie Inseln, Punkte, Kreuze?
Dieser Mensch läßt sich zu sehr von seinen Gefühlen leiten. Regen Sie ihn an, auch seinen Verstand sprechen zu lassen!

Endet die Kopflinie beider Hände im Mondberg?
Dieser Mensch ist emotional überempfindlich, was sein Leben schwierig macht.

Hat die Kopflinie einen oder mehrere Brüche?
Dieser Mensch sollte darauf achten, keine allzu anstrengende Arbeit ausüben.

Sind Kopflinie und Lebenslinie an ihrem Beginn kettig verbunden?
Dies deutet auf Probleme im Kopfbereich hin (Kopfschmerzen, Migräne, Augen, Ohren, Nase, Zähne usw.).

♥ *Lassen Sie Ihre Intuition sprechen. Sie werden fühlen, was Sie aus der Kopflinie dieses Menschen herauslesen können!*

Die Herzlinie

Die Herzlinie (siehe Seite 70) beginnt am äußeren Handrand und verläuft quer über die Handfläche in Richtung des Zeigefingers.

Sie informiert über unsere Liebesfähigkeit, Treue, Freundschaft, über Gefühlsempfindungen (Affekte, Gefühle wie Liebe, Freude, Trauer, Begeisterung, Enttäuschung, Wut, Verzweiflung usw.).

Aus der Herzlinie können wir die Stimme des Herzens heraushören. Sie drückt unsere sensible Anteilnahme an der Welt aus.

Interessant ist, daß der Verlauf der Herzlinie sehr unterschiedlich sein kann, wie auch unser emotionales Leben sehr hin- und hergerissen sein kann.

Organisch deutet die Herzlinie auch Herzkrankheiten an. Eine schwach ausgeprägte Herzlinie bedeutet unter Umständen ein nervöses Herz. Eine Persönlichkeit, die fest im Leben verankert ist, erkennt man an einer stark ausgeprägten Herzlinie.

Auch eine spirituelle Herzöffnung ist in dieser Linie erkennbar.

Was kann mir die Herzlinie sagen?

Ist die Herzlinie voller Gabelungen?
Ein leidenschaftlicher Mensch steht vor Ihnen, der in Beziehungen manchmal unbeständig ist.

Ist die Herzlinie sehr breit?
Dies zeigt einen Menschen von großer sexueller Vitalität an. Möglich sind jedoch auch Mißverständnisse innerhalb der Partnerschaft.

Ist in ihr ein Bruch?
Dies deutet auf eine seelische Erschütterung hin! Vielleicht können Sie diesen Menschen anregen, über die bestehende Partnerschaft nachzudenken.

Ist sie sehr dünn und gerade?
Dies ist ein Zeichen für Hemmungen, möglicherweise auch für wenig Herzlichkeit (Herzensarmut).

Verbindet sie sich an ihrem Ende mit der Lebenslinie?
Meist wird dies intensive Partnerschaftsgefühle anzeigen, es könnte aber auch ausgeprägtes Besitzdenken bedeuten.

Gabelt sie sich gegen das Ende zu?
Dies ist ein Grund zur Freude! Verbesserungen in der zweiten Lebenshälfte werden im Bereich der Partnerschaft auf diesen Menschen zukommen.

Ist sie ist völlig glatt?
Dieser Mensch ist schwer zugänglich. Es fällt ihm auch schwer, dem Partner seine Gefühle zu zeigen. Dies kann auch auf Gefühlsmangel hinweisen.

Liegen in ihr mehrere Inseln?
Dieser Mensch ist sehr empfindsam. Die Inseln zeigen Kummer in Herzensangelegenheiten an. Vielleicht sollte er eine Veränderung der Lebensumstände anstreben.

Ist sie kettenförmig?
Gibt es Enttäuschungen in den Beziehungen? Dies weist den Menschen auf eine falsche Einstellung zu Beziehungen (zur Partnerschaft) hin.

Ist sie ungewöhnlich kurz?
Dies kann auf partnerschaftlichen Egoismus oder auch auf späte emotionale Beziehungen zum anderen Geschlecht hinweisen.

Ist sie sehr lang?
Dies weist auf große emotionale Empfindlichkeit hin, möglicherweise auch auf Eifersucht.

Sehen Sie darin Punkte und Querstriche?
Punkte und Querstriche in der Herzlinie zeigen große Verletzbarkeit durch Liebesentzug an. Es könnte aber auch auf Eifersucht hinweisen.

Sind Lebens-, Kopf- und Herzlinie durch eine parallele Linie verbunden?
Sie entdecken dabei das Liebes-„M"? Dieser Mensch hat großes Glück in der Partnerschaft und in der Liebe!

♥ *Lassen Sie Ihr Herz – Ihre Liebe – sprechen, und die Deutung wird ganz leicht sein!*

Die Schicksalslinie

Die Schicksalslinie (siehe Seite 70) verläuft im Idealfall vom Mittelfinger zur Handwurzel. Sie zeigt große Ereignisse an: Berufswechsel, persönliche und familiäre Veränderungen.

Im Gegensatz zur Herz-, Kopf- und Lebenslinie (die grundsätzlich in jeder Hand vorhanden sind) ist die Schicksalslinie nicht in jeder Hand zu finden: Manchmal ist sie gar nicht oder nur bruchstückhaft vorhanden. Sie kann entstehen und wieder vergehen. Dies ist sehr aufschlußreich, denn diese Linie zeigt deutlich, wie der Mensch auf die Welt, das Leben und seine Umstände reagiert hat: seine innere Entwicklung, Erfolge und Mißerfolge.

Die Schicksalslinie teilt die Hand in den Ich-Bereich der Daumenseite und den Du-Bereich der Außenhand. Sie zeigt an, daß der betreffende Mensch die Grenze zwischen dem, was das Ich will, und dem Du, der Außenwelt (welche Möglichkeiten vorhanden sind), bewußt erkennt und erlebt.

In der Schicksalslinie ist die Strategie des ganzen Lebens erkennbar. Sie ist ein Abbild unserer individuellen Erscheinung.

Was kann mir die Schicksalslinie sagen?

Beginnt die Schicksalslinie am Anfang der Lebenslinie?
Erfolg tritt relativ spät – nach Loslösung von den Eltern – ein. (Nach erlangter Selbständigkeit!)

Verlaufen aufsteigende Äste von ihr in Richtung der Finger?
Eine berufliche Beförderung und Anerkennung kommt auf diesen Menschen zu.

Sie sehen Äste darin, die zur Handwurzel hinabreichen?
Dies deutet darauf hin, daß dieser Mensch langsame Fortschritte macht; kleine Verzögerungen stellen sich immer wieder ein.

Ist sie nur bruchstückhaft vorhanden?
Dieser Mensch hat ein wechselhaftes Schicksal, das von Veränderungen gekennzeichnet ist.

Verläuft sie stellenweise doppelt?
Dies deutet auf eine Verbesserung der Lebensumstände hin.

Gabelt sie sich an ihrem Ende?
Ein gutes Zeichen! Das deutet auf günstige berufliche Zukunftsperspektiven und auf gesellschaftlichen Aufstieg hin.

Fehlt sie am Anfang?
Möglicherweise waren die ersten Lebensjahre nicht mit materiellem Wohlstand gesegnet.

Fehlt sie ganz?
Der Lebensweg dieses Menschen ist nicht auf ein Ziel hin ausgerichtet; er konfrontiert sich nicht mit dem Leben.

Beginnt sie in den Handringen?
Dieser Mensch hat bei allen Unternehmungen Glück und Erfolg.

Sehen Sie in ihr eine Insel?
Vorsicht vor bestimmten Personen! Möglicherweise befindet sich dieser Mensch gerade in einer ungewöhnlichen, unruhigen Lebenssituation.

Beginnt die Schicksalslinie am Mondberg?
Hier haben Sie es mit einem besonders phantasievollen Menschen zu tun, der aufgeschlossen ist für die Schönheiten der Natur, Kunst, Kultur, Literatur, und der mit großem Einfühlungsvermögen ausgestattet ist.

Sehen Sie Querschnitte von der Kopflinie her?
Gratulation! Dieser Mensch hat große berufliche Erfolge!

Sind in ihr Querschnitte von der Herzlinie her zu sehen?
Dies zeigt familiäre Veränderungen an.

Ist sie deutlich und tief ausgeprägt?
Das ist ein Zeichen, daß dieser Mensch bewußt mehr leistet als die meisten Menschen und vieles anders macht, als es sonst üblich ist.

Ist sie unterbrochen, sogar seitlich verschoben?
Es wird einschneidende positive Veränderungen geben. Ein Berufswechsel, aber auch ein Ortswechsel ist möglich.

Verläuft sie wellenförmig?
Dies mahnt zu mehr Geduld bei der Verwirklichung von Plänen.

Kreuzt die Schicksalslinie die Herzlinie?
Dies deutet auf Beziehungsprobleme hin. Für den betreffenden Menschen wird es möglicherweise mit großen Schwierigkeiten verbunden sein, eine glückliche Partnerschaft aufzubauen.

Kreuzt sie die Kopflinie?
Dieser Mensch ist kopflastig und wird möglicherweise von Kopfschmerzen geplagt.

Mündet sie in die Lebenslinie?
Dieser Mensch neigt zu gesundheitlichen Störungen.

Glück hat derjenige Mensch, dessen Schicksalslinie sich nicht mit der Lebenslinie kreuzt. Er wird seltener mit gesundheitlichen Problemen konfrontiert sein.

♥ *Nun haben Sie das Wichtigste über das „intuitive Handlesen" erfahren. Wollen Sie diese Kunst noch vertiefen, dann besuchen Sie mein Handlese-Seminar! (Siehe Anhang)*

SYMBOLLISTE ZUM HANDLESEN
(Kurzfassung in Stichworten)

„A“: Anfang, Neubeginn, Loslassen, Veränderung

ADLER: Alleingang, Kraft, (göttliche) Macht, Weisheit, Freiheit, starkes Gottvertrauen

APFEL: Liebe, Fruchtbarkeit, Hochzeit, Verlockungen der Welt

AUGE: Göttliche Allwissenheit, Schutz durch Schutzengel, Glaubenskraft, Berufung auf einen spirituellen Weg

AUTO: Streß, Hektik, mehr Ruhe gönnen (Meditation)

BAUM MIT WURZELN – BREITE WEGE: Verwurzeltheit, Erdverbundenheit, Kontakt mit vielen Menschen

BERG: geistiger Aufstieg, mühelos den Gipfel seines Lebens erreichen

BISCHOFSMÜTZE: spiritueller Weg

BLATT: Schönheitssinn, naturliebend, Erholung und Kraft durch Natur; sich wie ein Blatt im Wind drehen

BLUME-BLÜTE-BLUMENKRANZ: Freude, Leben, Seligkeit, etwas blüht auf im Leben

BRIEF: Botschaft, Nachricht erwarten oder schreiben

BRÜCKE: Verbindung, Vermittlung, Gemeinschaft, geistige Hilfe, Begegnung

BUCH: Ehrlichkeit, Weisheit, Aufnehmen des göttlichen Wortes, Wissen weitergeben

BUCHSTABEN: karmische Wiederbegegnung

DACH: Geborgenheit und Schutz, Führungsqualität, für andere Dach sein

DREIECKE klein (=Heilerdreiecke): heilende Fähigkeiten

ENGEL: hoher Schutz, Weisheit, Wachstum, dieser Mensch wird geführt

FINGERSPITZEN violett, rötlich: Heilerfähigkeiten, Begabung als Arzt, Krankenpfleger, Handleser, Astrologe usw.

GEIST – SCHEMENHAFTES GESICHT:
schützende Energie, ein Schutzgeist, das Höhere Selbst

GITTER: Unentschlossenheit, wenig Entscheidungskraft, Fehlen von Klarheit und Zielen, Absonderung von anderen

GLOCKE: wichtige Mitteilung; mehr auf seine innere Stimme hören

HERZ: Herzlichkeit, Liebe, Offenheit, Freundschaft

INSEL in den Handlinien: Hindernis, Zwangspause, Durchhalten, Krankheits- oder Regenerationsphase

KELCH oder FÜLLHORN: Wohlstand, es eröffnet sich Großes, Glück, reiche Ernte

KETTE: Verbundenheit, Sinnbild der Beziehung, Stärke im Gebet

KETTENFORMEN am Handgelenk:
eine schwierige Zeit, finanzielle Probleme, Weg war oder ist schwierig

KIRCHTURM: Macht auf geistiger Ebene, Übersteigen des alltäglichen Niveaus, spiritueller Weg

KOSMISCHE LANDKARTE: starke Führung von oben, Schutz

KREIS-KUGEL-RING: Vollkommenheit, Treue (Ehe, Partnerschaft); Rettung

KREUZ: Kreuzweg (dornenreicher Weg), am Ende wartet Belohnung für alle Mühen

KRONE: Höhepunkt im Leben (Krönung), Festlichkeit, Würde, Macht, Weihe

LINIEN tief eingegraben: eine sehr alte Seele, Wissen und Weisheit

„M“: rechte Hand: Macht, materieller Erfolg, linke Hand: Medialität

MAUER: Schutz, Ohnmacht, trennende Mauer

MÖWE: Loslassen, freiheitsliebend, fliege!

MOND: Wandel und Wachstum, wechselnde Gestalt, Mystik, ein besonderer Mensch

MONDBERG sehr ausgeprägt: starke Intuition, mediale Fähigkeiten, Romantik, Talente; träumt von unerreichbaren Zielen

MONDBERG, tief eingegrabene Linien: Ruhm, Ehre, Macht, Reichtum

NETZ: soziales Netz einer Gemeinschaft, fängt auf, rettet, Netzfalle, nichts sehen (Ängste, Zwänge)

PALMBLATT: Reise zur Palmblattbibliothek in Indien, wichtige Botschaft liegt dort bereit

PFEIL: Liebe, Partnerschaft, Schnelligkeit, scharfe Worte, Verletzung der Seele

PUNKTE (weiß oder rot): Tränen, Schmerz, Leid, Reinigung der Seele

SCHWAMMERL (Pilz): Glück in der Liebe oder im Beruf

SEGELSCHIFF: Hin-und-her-getrieben-Sein, Reisetätigkeit, es nirgendwo lange aushalten

SONNE: Licht, Fröhlichkeit, für andere Sonne sein, Symbol für Gott; Kontakt mit Menschen

STERN: geistige Erleuchtung, Licht (je nach Linie: in Gesundheit und Herzensangelegenheiten)

STERNZEICHEN: karmische Begegnung mit einer Person dieses Sternzeichens

TOR – TÜR: ein Tor öffnet sich; auch verschlossenes Tor, Geheimnis, Ausschluß, Verbot

VENUSBERG stark ausgeprägt: große Möglichkeiten, große Ziele; hohe Werte

VIERECKE klein (und waagrechte Linien am Handballen): Auslandsreise, Tätigkeit im Ausland; Glück im Ausland

VIERECKE groß: Lehrertyp; Führungspersönlichkeit, Manager

WASSER (SEE): Leben, Lebendigkeit; Reinigung, Klarheit, Klärung einer Angelegenheit

ZAHLEN: Glückszahlen; Jahre; Zeitabstände, in denen sich etwas Wesentliches ereignet

ZAUN: Grenzen ziehen und erweitern; Kontaktverlust

ZELT oder PYRAMIDE: Schamane, Indianer, Leben in Ägypten (in einem früheren Leben)

Deutungsbeispiel

Ein Palmblatt in der Hand weist darauf hin, daß dieser Mensch die „Palmblattbibliothek“ in Indien aufsuchen sollte. Dort wird eine Botschaft für ihn bereitliegen. In diesen Palmblättern sind Vergangenheit, Gegenwart und Zukunft derjenigen Menschen aufgezeichnet, die irgendwann einmal in ihrem Leben diese Bibliothek aufsuchen werden.

Mehrere kleine Vierecke im Daumenballen bedeuten, daß dieser Mensch mit dem Ausland zu tun hat (Auslandsreisen, Glück im Ausland etc.).

Sind Herzlinie und Kopflinie nicht miteinander verbunden, handelt es sich um einen offenen und fröhlichen, reise- und unternehmungslustigen Menschen von großer Klarheit.

Die Insel in der Herzlinie deutet auf ein Hindernis oder eine Schwierigkeit in einer Beziehung hin. Es gilt, diese schwierige, möglicherweise schmerzhafte Phase durchzustehen und sich nicht enttäuscht oder resigniert zurückzuziehen.

♥ *Achten Sie darauf, wo die Symbole in der Hand stehen. Stehen sie nahe der Kopf-, der Herz-, der Lebens- oder der Schicksalslinie? Dementsprechend ändert sich die Interpretation ihrer Bedeutung!*

Deutungsbeispiel

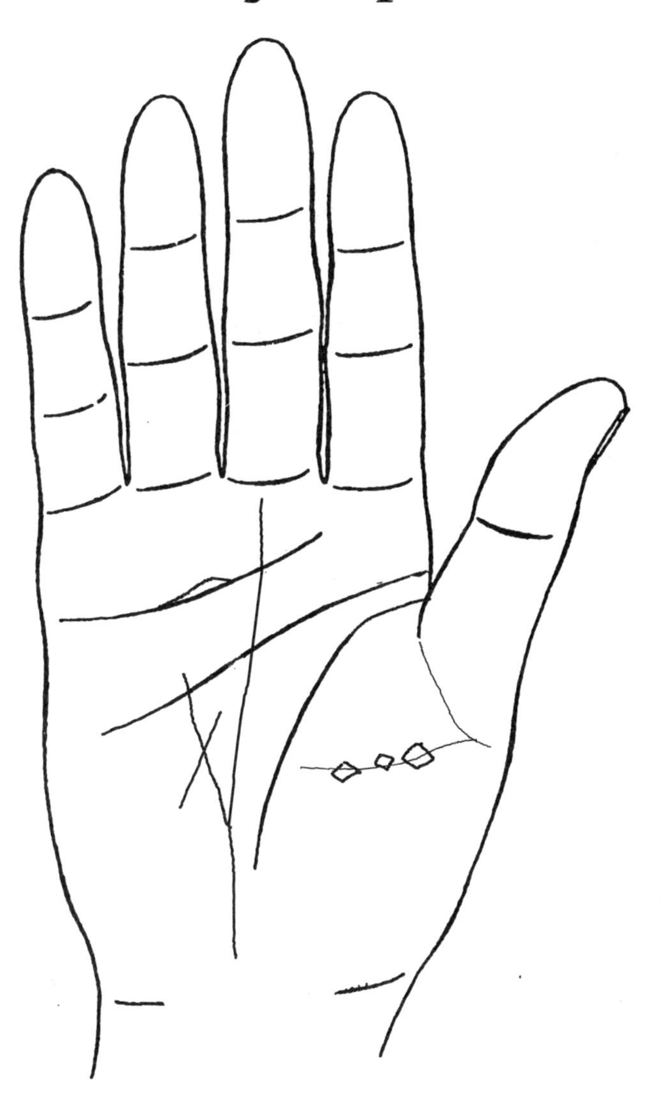

Deutungsbeispiel

Ein Engel nahe der Kopflinie sagt aus, daß der betreffende Mensch unter einem hohen Schutz steht. Er weist auf eine spirituelle Berufung und geistiges Wachstum hin. Steht der Engel nahe der Herz/Beziehungslinie, verspricht dies eine schicksalhafte (karmische) Begegnung.

Dieser Mensch ist in seinem Wachstum und seiner Enrwicklung nicht mehr aufzuhalten! Er wird geführt in allem, was er unternimmt.

Der Stern auf der Kopflinie deutet auf erfreuliche Umstände in beruflicher Hinsicht hin!

Die kleinen Dreiecke in der Hand weisen darauf hin, daß der betreffende Mensch heilende Fähigkeiten besitzt.

Sind Herz- und Kopflinie miteinander verbunden, handelt es sich um einen eher verschlossenen, introvertierten Menschen, der nicht offen für Neues ist.

♥ *Achten Sie darauf, wo die Symbole in der Hand stehen. Stehen sie nahe der Kopf-, der Herz-, der Lebens- oder der Schicksalslinie? Dementsprechend ändert sich die Interpretation ihrer Bedeutung!*

Deutungsbeispiel

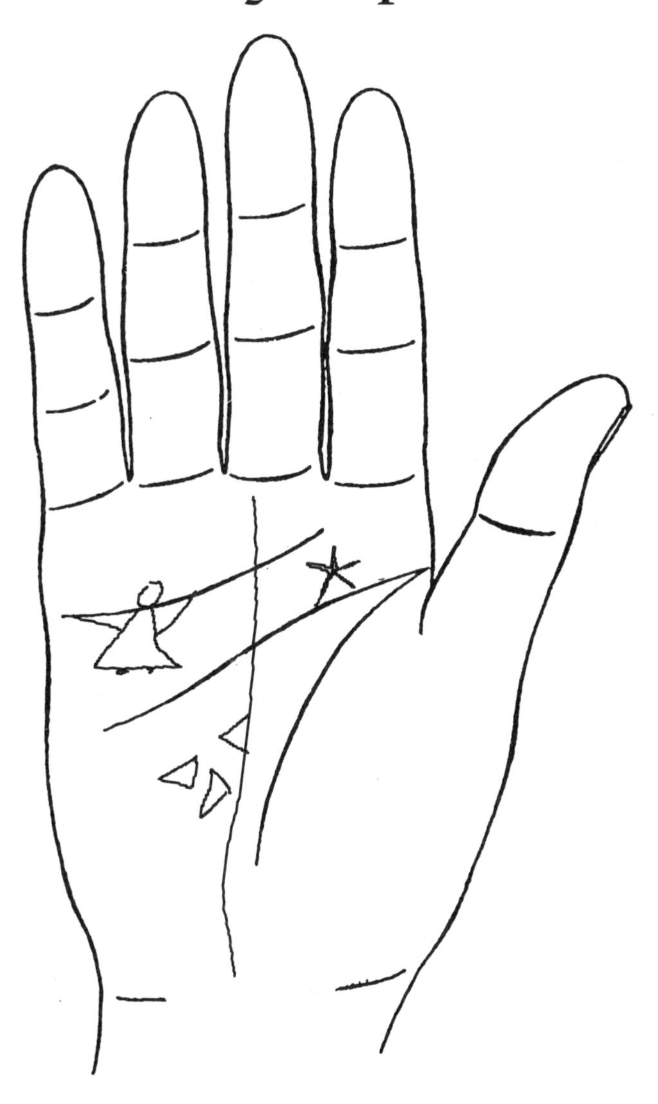

Deutungsbeispiel

Ein herzförmiges Symbol deutet auf einen herzlichen, liebevollen Menschen hin, der mit Liebe auf andere zugeht. Es kann auch sein, daß ihm die große Liebe begegnet. Er sollte einen Beruf ergreifen, der ihn mit vielen Menschen in Kontakt bringt.

Möglich ist auch, daß der Betreffende Mensch Gottes Liebe in allem erkennt, was ihm in seinem Leben begegnet und widerfährt.

Der Buchstabe A verspricht eine karmische Wiederbegegnung mit einem Menschen, dessen Name mit einem A beginnt und mit dem er noch etwas aufzulösen hat.

Die doppelte Lebenslinie verweist auf einen Menschen, der einen zweiten, völlig anderen Lebensweg einschlägt und dadurch zu Ruhm und Ansehen gelangt. Die zweite Lebenslinie kann auch auf einen Aussteiger hinweisen.

♥ *Achten Sie darauf, wo die Symbole in der Hand stehen. Stehen sie nahe der Kopf-, der Herz-, der Lebens- oder der Schicksalslinie? Dementsprechend ändert sich die Interpretation ihrer Bedeutung!*

Deutungsbeispiel

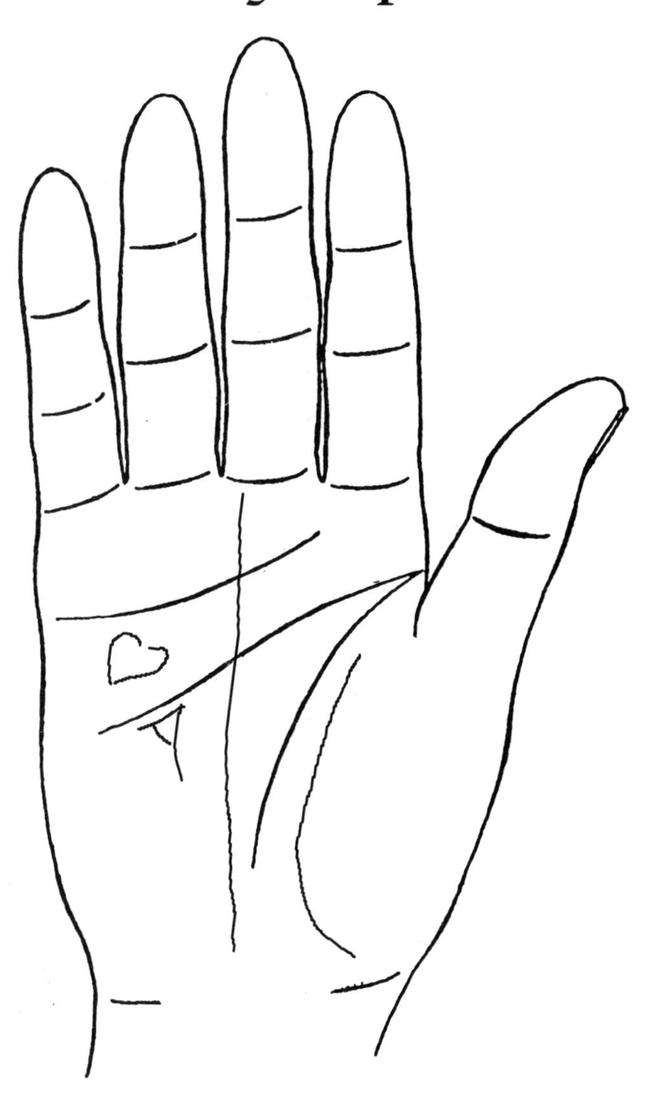

Deutungsbeispiel

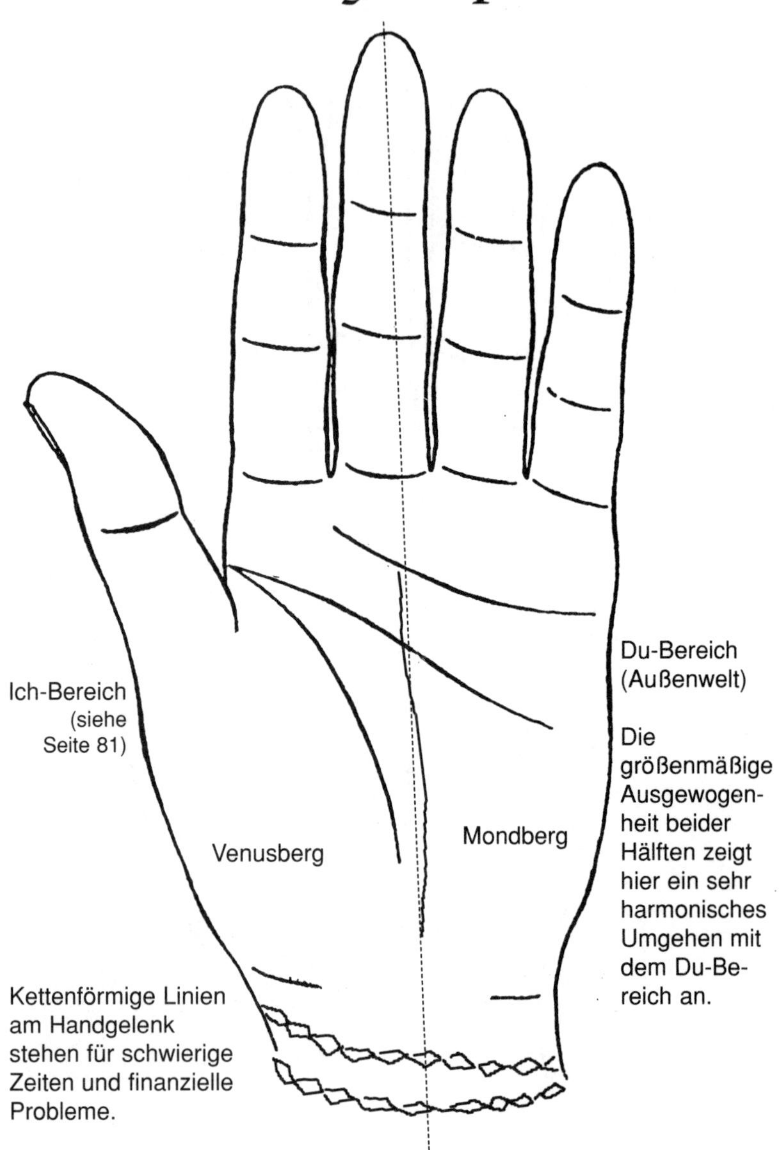

Das Pendeln

Das Pendeln ist eine weitere Möglichkeit, um Fragen bezüglich der verschiedenen Lebensbereiche zu beantworten. Wir können es auch dazu verwenden, um die Handflächen auszupendeln und möglicherweise noch genauere Aussagen zu erhalten.

Haben Sie schon mit dem Pendel gearbeitet? – Ja? – Dann wissen Sie ja, worauf Sie beim Pendeln achten sollen.

Falls Sie aber noch keine Erfahrungen mit dem Pendel haben, so will ich Ihnen nun einige nützliche Tips geben: Zuerst besorgen Sie sich ein geeignetes Pendel. Pendel können aus Metallen wie Gold, Silber, Eisen, Kupfer, Messing usw. sein, aber auch aus Kristall, Holz oder Glas. Verlassen Sie sich bei der Wahl Ihres Pendels ganz auf Ihr Gefühl. Wählen Sie dasjenige aus, zu dem Sie sich am meisten hingezogen fühlen. Die Kette oder der Faden (am besten eignet sich ein Seidenfaden), an dem Sie es befestigen, sollte zwischen 20 cm und 50 cm lang sein.

Nehmen Sie das Pendel zur Hand und halten Sie es zwischen Daumen und Zeigefinger, bis noch etwa 20 cm Faden vom Zeigefinger bis zum Pendel bleiben. Dann setzen Sie den Ellbogen fest auf den Tisch und halten Sie das Pendel ein bis zwei Zentimeter über den Gegenstand, den Sie auspendeln möchten. Gependelt wird immer mit der rechten Hand, auch wenn Sie Linkshänder sind.

Entspannen Sie Ihren Körper, insbesondere die Arm- und Handmuskeln. Konzentrieren Sie sich nun, ohne an etwas Bestimmtes zu denken: Warten Sie gespannt und ruhig ab, was geschieht.

Die ersten Bewegungen des Pendels werden für Sie eine aufregende Erfahrung sein, denn Sie werden ganz deutlich spüren, daß nicht Ihre Hand und Ihre Finger diese Bewegungen verursachen, sondern andere, Ihnen unbekannte Kräfte. Dadurch, daß Sie Ihren Körper und Ihren Geist entspannt haben, sind Sie nun an das unendliche kosmische Kraftfeld angeschlossen.

Halten Sie beim Pendeln den Blick fest auf das Pendel gerichtet. Versuchen Sie aber nicht, die Pendelbewegung mit Ihren Augen zu beeinflussen. (Vergessen Sie nicht, daß Ihre Vorstellungskraft das mächtigste Werkzeug ist, über das Sie verfügen!) Bleiben Sie neutral!

Lernen Sie mit dem Pendel so umzugehen, daß Ihre persönlichen Emotionen und Gedanken **nicht** die Pendelbewegungen beeinflussen!

Für Ihre Pendelexperimente müssen Sie jetzt noch eine weitere Voraussetzung schaffen: Sie müssen festlegen, welche Pendelbewegung JA, welche NEIN und welche VIELLEICHT bedeuten soll.

Halten Sie Ihr Pendel ganz bewegungslos und fragen Sie in Gedanken:

„Welche Bewegung soll JA bedeuten?"

Es wird nicht lange dauern, und das Pendel wird in einer Richtung zu schwingen beginnen. Ein Pendel kann drei verschiedene Grundfiguren ausführen: Kreise, Ellipsen und Geraden. Es schwingt entweder vor und zurück – schwingt seitlich hin und her – kreist nach links – kreist nach rechts – oder schwingt schräg: Jeder Mensch hat seine persönliche Antwortschwingung. Warten Sie geduldig, bis sich eine konstante Pendelbewegung einstellt.

Jetzt wissen Sie, wie Ihr Pendel mit JA antwortet. Prägen Sie sich diese Bewegung gut ein.

Legen Sie nun auf die gleiche Weise auch die Pendelbewegungen für NEIN und VIELLEICHT fest.

Suchen Sie zum Pendeln immer einen ruhigen Ort auf. Jede Störung von außen sollte vermieden werden.

Wie reinige ich das Pendel?

Sinnvoll ist es, das Pendel ab und zu von Fremdschwingungen zu reinigen. Deshalb spülen Sie es von Zeit zu Zeit unter fließendem kaltem Wasser ab. Auch mehrmaliges Abstreifen des Pendels mit der linken Hand ist geeignet.

♥ *Ich empfehle Ihnen sehr, das Pendeln gut zu lernen und zu üben. Es ist wichtig, die Technik wirklich zu beherrschen, um zu verläßlichen Aussagen zu kommen. Doch Ihre Bemühungen lohnen sich! Wenn Sie gut pendeln können, können Sie Ihre Hand und die Hände anderer Menschen befragen. Somit haben Sie eine zusätzliche Möglichkeit, noch besser mit dem intuitiven Handlesen arbeiten zu können.*

Hand mit Lebensthemen

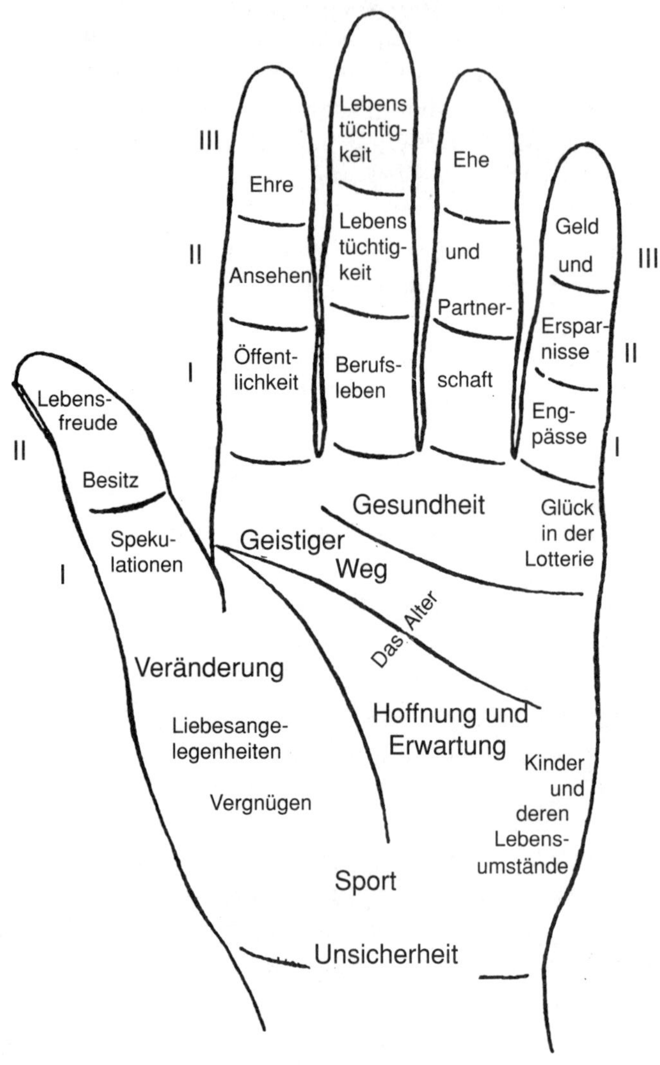

♥ *Erklärungen ab Seite 104*

Die Technik des Pendelns

Pendelübung

Bevor Sie darangehen, das Pendel auch beim Handlesen anzuwenden, sollten Sie sich zuerst mit den verschiedenen Lebensthemen vertraut machen. Sie finden die Hand mit den eingezeichneten Themen auf der nebenstehenden Seite.

Legen Sie die Abbildung der Hand mit den Lebensthemen vor sich hin. Studieren Sie zuerst die einzelnen Themen und suchen Sie sie in der Handinnenfläche, bevor Sie zu pendeln beginnen.

Der Zeigefinger der linken Hand liegt jeweils auf dem Thema, das Sie abfragen wollen. Halten Sie dabei das Pendel in Ihrer rechten Hand und stützen Sie Ihren Ellbogen auf den Tisch. Stellen Sie jetzt Ihre Frage zu dem Thema, das Sie interessiert. Achten Sie darauf, Ihre Frage präzise zu formulieren! Je genauer Sie fragen, desto klarer ist die Antwort. (Fassen Sie Ihre Fragen möglichst kurz!) Jede Frage soll grundsätzlich so gestellt werden, daß sie mit JA oder NEIN beantwortet werden kann.

Das Pendel antwortet nun auf Ihre Frage mit JA, NEIN oder VIELLEICHT mit der jeweiligen Bewegung, die Sie dafür festgelegt haben.

(Legen Sie Ihre Uhr, Ringe, Schmuck, Metallgegenstände ab, um Störungen zu vermeiden!)

Ihre Lebensthemen zum Einzeichnen

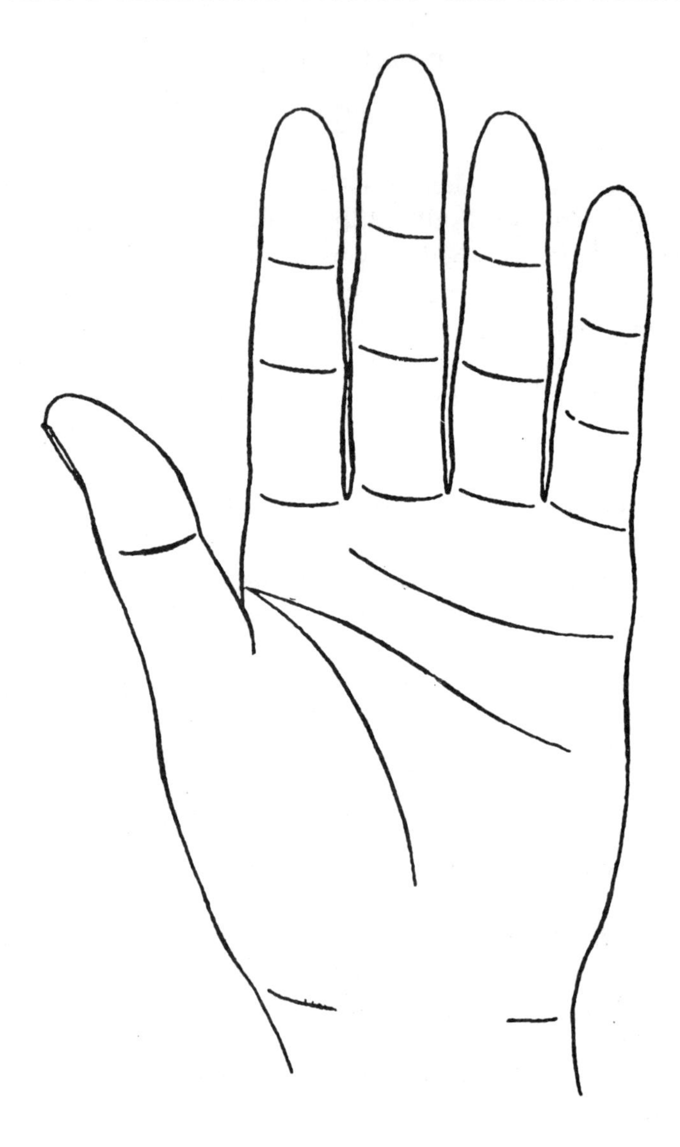

Pendelübung

Zeichnen Sie eine große Hand und schreiben Sie „Ihre Themen" hinein (siehe nebenstehende Seite).

Beginnen Sie mit einer Meditation, einer kurzen Einstimmung oder Visualisierung mit dem Ziel, in den für das Pendeln idealen körperlichen und seelischen Zustand zu gelangen.

Legen Sie den linken Zeigefinger auf das entsprechende Thema, mit der rechten Hand halten Sie das Pendel. Stellen Sie Ihre präzise formulierte Frage so, daß das Pendel mit JA oder NEIN oder VIELLEICHT (Jein!) antworten kann. Warten Sie geduldig, bis sich eine konstante Antwortbewegung des Pendels einstellt. Konzentrieren Sie sich ganz auf die Aufgabe.

Halten Sie immer Blickkontakt zum Pendel. Ihre beiden Füße sollten Kontakt mit dem Boden haben. Achten Sie auch darauf, warme Hände zu haben.

Sie können in der ersten Zeit das Ergebnis mit dieser Frage kontrollieren: Ist dieses Ergebnis richtig?

Lesen Sie gleichzeitig aus der Hand, ist es notwendig, daß Sie auswendig wissen, in welchem Bereich der Hand oder der Finger das betreffende Thema zu finden ist.

Intuitives Handlesen mit dem Pendel

Themenübersicht

Alter
Ansehen in der Öffentlichkeit (Zeigefinger I, II)
Berufsleben (Mittelfinger I))
Besitz (Daumen II)
Ehe und Partnerschaft (Ringfinger I, II, III)
Ehre (Zeigefinger III)
Engpässe (Kleiner Finger I)
Geistiger Weg
Geld und Ersparnisse (Kleiner Finger II, III)
Gesundheit
Glück in der Lotterie
Hoffnung und Erwartung
Kinder
Lebensfreude (Daumen II)
Lebenstüchtigkeit (Mittelfinger II, III)
Liebesangelegenheiten
Spekulationen (Daumen I)
Sport
Unsicherheit
Veränderung
Vergnügen

♥ *Wenn Sie sich für Pendelseminare interessieren, wenden Sie sich an Herrn Harald Katzer (siehe Anhang Seite 140).*

Alter

Das Thema „Alter“ findet sich in der Mitte des Handtellers, an der Kopflinie (siehe Seite 100).

Fragen dazu könnten sein:

(Vergessen Sie nicht: Linker Zeigefinger auf das Thema!)

- Werde ich ein glückliches Alter haben?
- Soll ich mich für mein Alter finanziell absichern?
- Soll ich im Alter in dieser Wohnung bleiben?
- Soll ich in ein Pensionistenheim ziehen?
- Soll ich in ein anderes Land – vielleicht in den warmen Süden – ziehen?
- Soll ich in meinem Alter noch einen Partner suchen?
- Ist eine neue Partnerschaft in meinem Alter noch angebracht?
- Werde ich mein Alter in geistiger und körperlicher Gesundheit genießen können?

Sie werden – für sich und andere – weitere Fragen finden.

♥ *Fragen Sie nicht danach, wie alt Sie werden! Nur wenn Sie ein gefestigter Mensch sind und sich seelisch robust genug fühlen, können Sie Ihr Alter auspendeln.*

Ansehen in der Öffentlichkeit

Das Thema „Ansehen in der Öffentlichkeit" findet sich am unteren und am mittleren Glied des Zeigefingers (siehe Seite 100).

Fragen dazu könnten sein:

(Vergessen Sie nicht: Linker Zeigefinger auf das Thema!)

- Genieße ich Ansehen?
- Genießt unsere Familie Ansehen?
- Genieße ich in meinem Beruf Ansehen?

Sie können auch fragen:

- Kann ich an Ansehen gewinnen, wenn ich mich beruflich verändere?
- Steigt mein Ansehen, wenn ich die neue Stelle annehme?
- Wird sich mein Ansehen durch diese Prüfung steigern?
- Wünsche ich mir, angesehen zu sein?
- Schadet diese Freundin (Freund) meinem Ansehen?
- Untergräbt jemand mein Ansehen, indem er Unwahrheiten über mich verbreitet?

Antwortet das Pendel auf diese Frage mit JA, fragen Sie:

- Kenne ich denjenigen, der über mich Unwahrheiten verbreitet?
- Gehört er zu meinem nahen Bekanntenkreis?

So taste ich mich schrittweise an die Antwort heran.

♥ *Sie werden Ihre Fragen intuitiv finden. Sie sind in Ihnen, und Ihr Höheres Selbst kennt sie.*

Berufsleben

Das Thema „Berufsleben" findet sich am untersten Glied des Mittelfingers (siehe Seite 100).

Fragen dazu könnten sein:

(Vergessen Sie nicht: Linker Zeigefinger auf das Thema!)

- Bin ich in meinem Beruf am richtigen Platz eingesetzt?
- Bin ich in meinem Beruf überfordert?
- Bin ich in meinem Beruf unterfordert?
- Soll ich meinen Beruf wechseln?
- Habe ich in meinem Beruf genügend Durchsetzungskraft?
- Würde ich in meinem Beruf mehr Durchsetzungskraft brauchen?
- Sollte ich mich in meinem Beruf weiterbilden?
- Habe ich den falschen Beruf?
- Soll ich mich selbständig machen?
- Soll ich aus meinem Beruf aussteigen und für einige Zeit pausieren?
- Soll ich meine (spirituelle) Berufung zu meinem Beruf machen?
- Soll ich meine Arbeit/Firma ins Ausland verlegen?

♥ *Haben Sie Mut und stellen Sie die Fragen, die Sie gern wissen wollen!*

Besitz

Das Thema „Besitz“ findet sich am oberen Daumenglied (siehe Seite 100).

Ich würde empfehlen zu fragen:

(Vergessen Sie nicht: Linker Zeigefinger auf das Thema!)

- Wird sich in nächster Zeit (den Zeitraum können Sie auch eingrenzen) mein Besitz vermehren?
- Wird sich mein materieller Besitz vermehren (den Zeitpunkt können Sie genau bestimmen)?
- Wird sich mein geistiger Besitz vermehren?
- Wird sich mein ideeller Besitz vermehren?

Sie können aber auch fragen:

- Bin ich besitzergreifend?
- Achte ich Besitz zu gering?
- Soll ich meinen Besitz mit anderen Menschen teilen?
- Macht mein Eigentum mich glücklich?
- Macht mein Besitz mich krank?

♥ *Sie sollten materiellen Besitz nicht mißachten; schätzen Sie ihn, geben Sie ihm den Stellenwert, der ihm zukommt – und er wird auch zu Ihnen kommen.*

Ehe und Partnerschaft

Der ganze Ringfinger ist dem Thema „Ehe und Partnerschaft“ gewidmet (siehe Seite 100).

Fragen dazu könnten sein:

(Vergessen Sie nicht: Linker Zeigefinger auf das Thema!)

- Soll ich mit Katrin die Ehe eingehen?
- Wäre eine Lebensgemeinschaft mit Lukas für mich gut?
- Soll ich vorerst eine Partnerschaft auf Probe versuchen?
- Soll ich von Lisa getrennt wohnen?
- Ist die Ehe überhaupt für mich richtig?
- Soll ich allein bleiben?
- Brauche ich mehr Freiheit innerhalb der Partnerschaft?
- Fehlt mir Liebe in der Partnerschaft?
- Soll ich zärtlicher zu meinem Mann (Frau, Freund, Freundin) sein?
- Soll ich meinem Partner mehr Freiraum geben?
- Werde ich in der Partnerschaft mit Maria finden, was ich mir erträume?
- Soll ich mich von Matthias trennen?

♥ *Natürlich können Sie auch bezüglich der Sexualität Fragen stellen! Haben Sie den Mut dazu!*

Ehre

Das Thema „Ehre“ findet sich am obersten Glied des Zeigefingers (siehe Seite 100).

Sie können das Pendel fragen:

(Vergessen Sie nicht: Linker Zeigefinger auf das Thema!)

- Ist mir Ehre wichtig?
- Werde ich von meiner Familie geehrt?
- Bekomme ich im Beruf die Ehre, die mir zusteht?
- Wünsche ich mir, mehr geehrt zu werden?
- Werde ich von meinen Freunden geehrt?
- Fühle ich mich unwohl, wenn ich geehrt werde?
- Empfinde ich Ehrungen, die mir erwiesen werden, als peinlich?
- Erweise ich gern anderen die ihnen gebührende Ehre?
- Ehrt mich mein Partner sehr?
- Ehrt mich mein Partner wenig?

Antwortet das Pendel auf diese Frage mit JA, so fragen Sie weiter:

- Ehrt mich mein Partner nicht, weil er auf meine Talente eifersüchtig ist?

♥ *Vertrauen Sie Ihrer Intuition! Sie werden selbst die richtigen Fragen finden und darauf Antworten bekommen.*

Engpässe

Das Thema „Engpässe" findet sich am unteren Glied des kleinen Fingers (siehe Seite 100).

Sie können das Pendel fragen:

(Vergessen Sie nicht: Linker Zeigefinger auf das Thema!)

- Werden meine finanziellen Engpässe bald ein Ende haben?
- Fließt mir in nächster Zeit unerwartet Geld zu?
- Bekomme ich den Engpaß in der Partnerschaft noch in den Griff?
- Wird sich meine Partnerschaft aufgrund dieses Engpasses lösen?
- Werden wir diesen Engpaß gemeinsam durchstehen können?
- Soll mir mein momentaner finanzieller Engpaß zeigen, daß auch meine charakterliche bzw. spirituelle Entwicklung zu wünschen übrig läßt?
- Ist dieser Engpaß eine Chance für einen Neubeginn?

♥ *Sie wissen selbst am besten, wo in Ihrem Leben ein Engpaß eingetreten ist; das Pendel kann Ihnen auch hier Aufschluß geben.*

Geistiger Weg

Das Thema „geistiger Weg" findet sich unterhalb des Zeige- und des Mittelfingers zwischen Kopf- und Herzlinie (siehe Seite 100). Viele Menschen haben diesen Weg noch nicht beschritten. Das betrifft nicht Sie! Sie sind auf dem Weg! Wenn Sie dieses Buch lesen, dann befinden Sie sich schon mitten auf dem geistigen Weg.

Sie können das Pendel fragen:

(Vergessen Sie nicht: Linker Zeigefinger auf das Thema!)

- Hilft mir Meditation auf meinem geistigen Weg?
- Ist es für mich richtig, mich mit dem intuitiven Handlesen zu befassen?
- Ist Kartenlegen der für mich richtige geistige Weg?
- Soll ich mich mit Astrologie (Numerologie, Reiki usw.) beschäftigen?
- Bin ich medial veranlagt?
- Soll ich eine Channelling-Ausbildung machen?
- Bringen spirituelle Reisen mir neue Erfahrungen?
- Ist es für mich von Vorteil, mich einer spirituellen Gruppe anzuschließen?

♥ *Verlassen Sie sich auf Ihre Intuition, verlassen Sie sich auf Ihre Eingebungen. Sie werden Ihnen die richtigen Fragen zuspielen!*

Geld und Ersparnisse

Das Thema „Geld und Ersparnisse" findet sich am obersten und am mittleren Glied des kleinen Fingers (siehe Seite 100). Stellen Sie Fragen, die Ihr Bargeld, Schmuck, Aktien und andere Wertgegenstände betreffen.

Fragen dazu könnten sein:

(Vergessen Sie nicht: Linker Zeigefinger auf das Thema!)

- Sind meine Ersparnisse sicher angelegt?
- Wurde ich bezüglich der Anlage meines Geldes gut beraten?

Sie können auch fragen:

- Bedeutet mir Geld sehr viel?
- Schätze ich Geld zu gering?
- Werde ich Geld erben?
- Werde ich die Möglichkeit haben, ein Vermögen zu erwerben?
- Sind Glücksspiele (Lotto, Toto, Casino etc.) eine Chance für mich?

♥ *Ich darf noch einmal wiederholen: Materiellen Besitz sollten Sie auf keinen Fall mißachten, sondern ihn lieben, damit er auch zu Ihnen kommt!*

Gesundheit

Das Thema „Gesundheit“ findet sich oberhalb der Herzlinie , unterhalb des Zeige-, Mittel- und Ringfingers (siehe Seite 100). Ein Thema, das uns allen am Herzen liegt!

Sie werden fragen wollen:

(Vergessen Sie nicht: Linker Zeigefinger auf das Thema!)

- Bin ich körperlich gesund?
- Bin ich seelisch gesund?
- Bin ich geistig gesund?

Natürlich können Sie auch fragen:

- Liegt die Störung im körperlichen Bereich?
- Liegt die Störung im seelischen Bereich?
- Liegt die Störung im geistigen Bereich?

Antwortet das Pendel zum Beispiel im körperlichen Bereich mit JA, dann fragen Sie weiter:

- Liegt die Störung im Bereich der Wirbelsäule?
- Liegt die Störung im Bereich des Herzens?
- Liegt die Störung im Bereich des Kopfes?

Antwortet das Pendel zum Beispiel auf die Frage: im Bereich des Kopfes? mit JA, fragen Sie weiter:

- Liegt sie im Bereich der Augen?
- Liegt sie im Bereich der Zähne?
- Liegt sie im Bereich der Ohren? usw.

Sie können auch fragen:

- Kann mir ein Arzt helfen?
- Kann mir Homöopathie helfen?
- Kann mir Akupunktur helfen?
- Können mir Bachblüten helfen?

- Ist Bewegung für mich wichtig?
- Werden mir mehr Ruhe und Entspannung helfen?
- Hat meine Beziehung mich krank gemacht?
- Bin ich ein „Frustfresser"?
- Sind meine Drüsen bzw. Hormone die Ursache für mein Übergewicht?
- Würde eine Umstellung meiner Ernährung (z. B. vegetarisch) meine Gesundheit positiv beeinflussen?
- Werden meine Kopfschmerzen durch einen gestörten Schlafplatz verursacht?
- Sind meine Augenprobleme durch übermäßige Arbeit mit dem Computer hervorgerufen?
- Können Joga und Meditation meinen Gesundheitszustand nachhaltig verbessern?

♥ *Ich wünsche Ihnen von Herzen, daß das Pendel bezüglich Ihrer Gesundheit mit JA antwortet! Wenn es mit NEIN antwortet, dann sollten Sie einen Arzt aufsuchen und die nötigen Untersuchungen durchführen lassen!*

Glück in der Lotterie

Das Thema „Glück in der Lotterie" findet sich unterhalb des kleinen Fingers, oberhalb der Herzlinie (siehe Seite 100).

Fragen dazu könnten sein:

(Vergessen Sie nicht: Linker Zeigefinger auf das Thema!)

- Soll ich jetzt in der Lotterie spielen?

Sie können auch den Zeitpunkt durch gezielte Fragen genau ermitteln.
Oder Sie fragen:

- Soll ich die Zahl 24 setzen?

Wenn Sie in Ihrer Hand eine Zahl (gebildet aus verschiedenen Linien) zu erkennen glauben, dann ist sie Ihre Glückszahl, und Sie sollten sie spielen!

- Soll ich in der Klassenlotterie spielen?
- Soll ich lieber Toto spielen?
- Habe ich im Kasino mehr Glück?
- Passen Glücksspiele zu mir?
- Soll ich vom Glücksspiel meine Finger lassen?

♥ *Ich kann Ihnen keinen Millionengewinn versprechen – der hängt auch von anderen Faktoren ab –, doch ich wünsche Ihnen Gewinn von Herzen!*

Hoffnung und Erwartung

Die Themen „Hoffnung und Erwartung“ finden sich in der Mitte der Handfläche, zwischen Lebenslinie und Kopflinie (siehe Seite 100).

Sie könnten so fragen:

(Vergessen Sie nicht: Linker Zeigefinger auf das Thema!)

- Darf ich hoffen, daß mein Freund wieder zu mir zurückkommt?
- Darf ich hoffen, bald meiner ersten Liebe zu begegnen?
- Wird mir mein neuer Freund Glück bringen?
- Wird unsere Partnerschaft noch in diesem Jahr inniger?

Sie können aber auch fragen:

- Kann ich mit einer Gehaltserhöhung rechnen?
- Erwartet mich eine angenehme Überraschung?
- Erwartet mich eine sichere Zukunft mit meinem Partner?
- Erwartet mich Reichtum, wenn ich Kurt heirate?
- Erwartet mich noch in diesem Jahr eine neue Liebe?
- Erwartet mich in diesem Jahr eine Erbschaft?

♥ *Fragen Sie einfach nach allem, worauf Sie hoffen! Fragen Sie nach dem, was Sie innerlich erwarten!*

Kinder und deren Lebensumstände

Das Thema „Kinder und deren Lebensumstände“ findet sich seitlich oberhalb des äußeren Handgelenks (siehe Seite 100).

Fragen Sie alles, was Ihnen am Herzen liegt!
Was möchten Sie für Ihre Kinder wissen?
Was möchten Sie über Ihre Kinder wissen?

Fragen dazu könnten sein:

(Vergessen Sie nicht: Linker Zeigefinger auf das Thema!)

- Ist mein Kind mit seinem Partner glücklich?
- Ist diese Schule für meinen Sohn Andreas geeignet?
- Ist der Beruf der Krankenschwester für meine Tochter Elisabeth der richtige?

Sie können auch fragen:

- Bekomme ich noch ein Kind in meinem Leben?
- Bekomme ich noch ein Kind in einem Jahr? (in 2, 3, 4 … Jahren?)

♥ *Es werden Ihnen unzählige Fragen zu diesem Thema einfallen; Sie erhalten gewiß aufschlußreiche Antworten.*

Lebensfreude

Das Thema „Lebensfreude" findet sich am oberen Daumenglied auf der Höhe des Daumennagels (siehe Seite 100). Für uns alle ist es wichtig, Lebensfreude zu spüren.

Fragen dazu könnten sein:

(Vergessen Sie nicht: Linker Zeigefinger auf das Thema!)

- Kommt Lebensfreude in meinem Leben zu kurz?
- Würde sich meine Lebensfreude durch mehr Kontakte mit Menschen vermehren?
- Gewinne ich Lebensfreude, wenn ich tanzen gehe?
- Gewinne ich Lebensfreude, wenn ich mir mehr gönne?
- Gewinne ich Lebensfreude durch mehr Kreativität (Malen, Musik usw.)?
- Gewinne ich Lebensfreude durch Sport?

Sie können hier aufzählen, was Sie gern tun würden, was in Ihrem Leben fehlt, wonach Sie sich sehnen, was Sie für Ihr Leben noch planen – wobei Ihnen bisher aber der Mut gefehlt hat, diese Pläne auch auszuführen. Wenn Sie hartnäckig weiterfragen, kommen Sie bestimmt dahinter, wie Sie mehr Lebensfreude gewinnen können.

♥ *Lebensfreude und Optimismus halten jung und gesund. Bringen Sie mehr davon in Ihr Leben!*

Lebenstüchtigkeit

Das Thema „Lebenstüchtigkeit" findet sich am obersten und am mittleren Glied des Mittelfingers (siehe Seite 100).

Fragen dazu könnten sein:

(Vergessen Sie nicht: Linker Zeigefinger auf das Thema!)

- Bin ich in materieller Hinsicht lebenstüchtig?
- Bin ich in materieller Hinsicht lebensuntüchtig?
- Macht mich mein übertriebener Idealismus lebensuntüchtig?
- Bin ich in meinem Beruf (lebens)tüchtig?

Sie können auch fragen:

- Steckt in mir ein Potential an Lebenstüchtigkeit, das noch nicht geweckt ist?
- Bin ich zu selbstlos, um lebenstüchtig zu sein?
- Verzettle ich mich aufgrund meiner vielen Talente?
- Nütze ich alle meine Ressourcen, um ein erfolgreiches Leben zu führen?
- Habe ich die Möglichkeit, meine Ideen erfolgreich und gewinnbringend umzusetzen?
- Kann ich mein Leben besser meistern, wenn ich einen spirtuellen Weg einschlage.

♥ *Lebenstüchtigkeit hat viel mit Mut zu tun und der Bereitschaft, sich voll und ganz mit dem Leben zu konfrontieren.*

Liebesangelegenheiten

Das Thema „Liebesangelegenheiten“ findet sich am Daumenballen zwischen dem Thema „Veränderung“ und dem Thema „Vergnügen“ (siehe Seite 100).

Fragen dazu könnten sein:

(Vergessen Sie nicht: Linker Zeigefinger auf das Thema!)

- Habe ich zur Zeit den richtigen Partner?
- Fehlt mir der richtige Partner?
- Stimmt die sexuelle Beziehung mit meinem Partner?
- Ist dieser Partner gut für mich?
- Ist er der falsche Partner für mich?
- Ist er der richtige Partner für mich?
- Finde ich schon bald den richtigen Partner?
- Soll ich mich von dem Partner trennen?
- Kommt die Liebe in meinem Leben zu kurz?
- Soll ich mir selbst mehr Liebe geben?
- Wird mir mein neuer Freund viel Liebe schenken?

♥ *Zu diesem Thema werden Ihnen sicher viele Fragen einfallen, deren Beantwortung Ihnen sehr wichtig ist. Die Liebe spielt nun einmal eine Hauptrolle in unserem Leben!*

Spekulationen

Das Thema „Spekulationen“ findet sich am unteren Daumenglied (siehe Seite 100).

Fragen dazu könnten sein:

(Vergessen Sie nicht: Linker Zeigefinger auf das Thema!)

- Soll ich spekulieren?
- Soll ich mit Aktien spekulieren?
- Soll ich mit Immobilien spekulieren?
- Soll ich mit Grund und Boden spekulieren?
- Habe ich bei Spekulationen eine schlechte Hand?
- Habe ich bei Spekulationen eine glückliche Hand?

Antwortet das Pendel auf diese Frage mit JA, dann fragen Sie weiter:
- Soll ich heuer noch spekulieren?

Antwortet das Pendel wiederum mit JA, fragen Sie weiter:
- Soll ich im nächsten Monat (z. B. August) spekulieren?

Das Pendel antwortet mit NEIN. Sie fragen weiter:
- Soll ich im nächsten Jahr spekulieren?

Das Pendel antwortet mit JA? Jetzt kennen Sie den Zeitpunkt!

♥ *Ihnen wird eine Reihe von Fragen zu diesem Thema einfallen. Haben Sie Mut!*

Sport

Das Thema „Sport" findet sich nahe am Handgelenk, eine Fingerbreite über dem Thema „Unsicherheit" (siehe Seite 100).

Fragen dazu könnten sein:

(Vergessen Sie nicht: Linker Zeigefinger auf das Thema!)

- Betreibe ich genug Sport?
- Mache ich zu wenig Sport?
- Soll ich eine andere Sportart wählen?

Antwortet das Pendel auf diese Frage mit JA, dann fragen Sie weiter:

- Ist Schifahren für mich ein guter Sport?
- Soll ich schwimmen? (Reiten? Schifahren? Tennis spielen?)
- Ist Laufen für mich gesund?

Wenn das Pendel mit NEIN antwortet, dann fragen Sie weiter:

- Ist Wandern für mich ein gesunder Sport?

Antwort: JA. Jetzt wissen Sie es!

♥ *Sie fragen solange, bis Sie eine befriedigende, klare Antwort bekommen haben.*

Unsicherheit

Das Thema „Unsicherheit" findet sich an der Linie, die quer über das Handgelenk verläuft (siehe Seite 100).

Fragen dazu könnten sein:

(Vergessen Sie nicht: Linker Zeigefinger auf das Thema!)

- Bin ich unsicher, weil ich mich auf meinem Arbeitsplatz ungerecht behandelt fühle?
- Bin ich unsicher, weil ich wenig Selbstbewußtsein habe?
- Bin ich unsicher, weil ich mich zu wenig liebe?
- Bin ich unsicher, weil ich mich nicht entscheiden kann?
- Verunsichert mich, daß ich mich nicht durchsetzen kann?
- Liegt meine Unsicherheit in der Kindheit begründet?
- Verschwindet meine Unsicherheit, wenn ich lerne, mich zu akzeptieren?
- Würde eine bessere Ausbildung oder neue Kenntnisse mein Selbstbewußtsein vergrößern?
- Können positives Denken und Affirmationen mich stärken?
- Würde eine bessere Ausbildung oder neue Kenntnisse mein Selbstbewußtsein vergrößern?
- Würden positives Denken und Affirmationen mich stärken?

♥ *Unsicherheit wirkt sich auf viele Lebensbereiche sehr negativ aus. Versuchen Sie, ihren Ursachen auf die Spur zu kommen.*

Veränderung

Das Thema „Veränderung“ findet sich unten am Daumenballen, zwischen den Themen „Spekulationen“ und „Liebesangelegenheiten“ (siehe Seite 100).

Fragen dazu könnten sein:

(Vergessen Sie nicht: Linker Zeigefinger auf das Thema!)

- Befinde ich mich zur Zeit in einer Veränderungsphase?
- Wird sich meine Beziehung zum Positiven verändern?
- Werde ich in meiner Beziehung eine Veränderung erfahren?
- Sollte sich mein derzeitiges Sex- und Liebesleben verändern?
- Werde ich mich beruflich verändern?
- Bin ich schon zu festgefahren, um mich noch verändern zu können?
- Können meine Kinder mir helfen, mich zu verändern, mich mehr dem Leben zu öffnen?
- Kann eine neue Beziehung mich verändern?
- Ist es angezeigt für mich, einen Ortswechsel (Urlaub, Reise, Kur etc.) vorzunehmen?

♥ *Es gibt zu diesem Thema eine Fülle von Fragen; Sie werden vieles über sich selbst erfahren!*

Vergnügen

Das Thema „Vergnügen" findet sich unten am Daumenballen (Venusberg), unterhalb des Themas „Liebesangelegenheiten" (siehe Seite 100).

Fragen dazu könnten sein:

(Vergessen Sie nicht: Linker Zeigefinger auf das Thema!)

- Habe ich genug Vergnügen in meinem Leben?
- Sollte ich mir mehr Vergnügen gönnen?
- Würde mehr Vergnügen meine Gesundheit günstig beeinflussen?
- Würde mehr Vergnügen meine Psyche positiv beeinflussen?
- Sollte ich meine Vergnügungen einschränken und mich ernsteren Dingen zuwenden?
- Vergeude ich Zeit mit den vielen Vergnügungen, denen ich nachgehe?

♥ *Sie haben nun durch das Pendeln eine Fülle von Möglichkeiten kennengelernt, die Ihnen Wegweiser, Hilfe und Führung sein können. Ihrer Phantasie und Intuition sind keine Grenzen gesetzt. Wagen Sie es, Neues auszuprobieren, und Sie werden sich weiterentwickeln!*

Meditationen

♥ *Als Abschluß will ich Ihnen noch einige Meditationen und eine Lichvisualisierung mitgeben, die Ihnen behilflich sein können, sich für die beim „intuitiven Handlesen" notwendige Intuition zu öffnen.*

Schutzengelmeditation

Nehmen Sie Ihre Meditationshaltung ein und schließen Sie die Augen; atmen Sie wie gewohnt ein und aus – atmen Sie langsam durch die Nase ein und durch den leicht geöffneten Mund wieder aus, bis Sie sich wohl und entspannt fühlen.

Verbinden Sie sich nun geistig mit Ihrem Schutzengel. Fragen Sie ihn nach seinem Namen. Der erste Name, der Ihnen zufällt, ist der richtige.

Versuchen Sie, Ihren Schutzengel zu spüren, seine ganz spezielle Energie zu fühlen. Nehmen Sie sich Zeit dafür. Auch wenn Sie im Augenblick noch nichts spüren sollten, seien Sie gewiß: Er ist jetzt hier bei Ihnen.

Mit dem Gefühl, mit Ihrem Schutzengel verbunden zu sein, hüllen Sie sich in weißes Licht; das weiße Licht stärkt und beschützt Sie. Lassen Sie es durch Ihr Scheitelchakra einströmen (dort, wo der Sitz der Fontanelle ist) und vom Kopf bis zu den Füßen durch Ihren Körper fließen, dann um Ihren Körper herum, so daß Sie vollkommen in Licht getaucht und gehüllt sind, wie in einen heilenden und schützenden Lichtmantel.

Bitten Sie jetzt Ihren Schutzengel um Schutz und Führung. Fühlen Sie auch diese Energie.

Bitten Sie dann Ihren Schutzengel um Weisheit und seine Hilfe beim intuitiven Handlesen.

Bedanken Sie sich nun bei Ihrem Schutzengel und kommen Sie – wenn Sie bereit sind – aus der Meditation zurück. Öffnen Sie die Augen, atmen Sie tief durch, bewegen Sie Arme und Beine, dehnen und strecken Sie sich. Sie fühlen sich gestärkt für die Aufgabe, die vor Ihnen liegt.

Jetzt können Sie sich mit Erfolg dem Handlesen zuwenden.

Farbmeditation

Sie setzen sich entspannt und bequem hin – Sie spüren mit beiden Füßen den Kontakt zum Boden – Sie brauchen nichts zu tun, der Boden trägt Sie.

Schließen Sie jetzt Ihre Augen. Erlauben Sie Ihrem Körper, sich wohlzufühlen, und versuchen Sie sich zu entspannen.

Sind noch Gedanken da, dann lassen Sie diese wegziehen oder hängen Sie sie an eine Wolke und sehen zu, wie sie davonziehen. Es gibt jetzt nichts zu wollen, nichts zu erreichen; Sie brauchen sich um nichts zu bemühen; Sie sind einfach da und spüren mit liebevollen Gedanken und Gefühlen in Ihren Körper hinein.

Sie wenden jetzt Ihr Bewußtsein Ihrer inneren Führung zu und lassen geschehen, was auch immer geschehen mag.

Sie atmen langsam durch Ihre Nase ein – als ob Sie an einer Blume riechen würden – Sie verfolgen Ihren Atem, wie er langsam tiefer und tiefer wird, Ihren ganzen Körper ausfüllt, und Sie atmen langsam, durch den leicht geöffneten Mund, wieder aus. Sie beobachten Ihren Atem. Sie bleiben ganz bei Ihrem Atem. Sie spüren nach, wie Sie durch die Nase einatmen, wie Sie den Atem in den Körper sinken lassen und wieder langsam ausatmen. Und bei jedem Atemzug spüren Sie mehr und mehr Ihre Entspannung und Gelöstheit. Sie fühlen sich wunderbar entspannt und gelöst.

Sie stellen sich jetzt vor, wie eine rote, duftige Wolke auf Sie zukommt – die Wolke umhüllt ganz Ihren Körper – Sie atmen die Farbe Rot tief in sich ein und fühlen sich dabei sehr wohl und geborgen …

Sie stellen sich jetzt vor, wie eine orangefarbene, duftige Wolke auf Sie zukommt – die Wolke umhüllt ganz Ihren Körper – Sie atmen die Farbe Orange tief in sich ein und fühlen sich dabei sehr wohl und geborgen …

Sie stellen sich jetzt vor, wie eine gelbe, duftige Wolke auf Sie zukommt – die Wolke umhüllt ganz Ihren Körper – Sie atmen die Farbe Gelb tief in sich ein und fühlen sich dabei sehr wohl und geborgen …

Sie stellen sich jetzt vor, wie eine hellgrüne, duftige Wolke auf Sie zukommt – die Wolke umhüllt ganz Ihren Körper - Sie atmen die Farbe Hellgrün tief in sich ein und fühlen sich dabei sehr wohl und geborgen …

Sie stellen sich jetzt vor, wie eine hellblaue, duftige Wolke auf Sie zukommt – die Wolke umhüllt ganz Ihren Körper – Sie atmen die Farbe Hellblau tief in sich ein und fühlen sich dabei sehr wohl und geborgen …

Sie stellen sich jetzt vor, wie eine dunkelblaue, duftige Wolke auf Sie zukommt – die Wolke umhüllt ganz Ihren Körper - Sie atmen die Farbe Dunkelblau tief in sich ein und fühlen sich dabei sehr wohl und geborgen …

Sie stellen sich jetzt ein letztes Mal vor, wie eine lila, duftige Wolke auf Sie zukommt – die Wolke umhüllt ganz Ihren Körper – Sie atmen die Farbe Lila tief in sich ein und fühlen sich dabei sehr wohl und geborgen – wunderbar geborgen – vollkommen entspannt und sehr glücklich.

Sie wenden jetzt Ihre Handflächen nach oben und stellen sich vor, daß Ihre Hände von weißgoldenem Licht umhüllt sind. Das weißgoldene Licht fließt von Ihren Händen zu einem Punkt ober Ihrem Kopf, der über dem Scheitel, der sogenannten „Fontanelle" liegt. Das weißgoldene Licht bildet über Ihrem Kopf ein weißes Kreuz – oder auch eine Krone – und fließt in ständiger Verbundenheit mit dem Kopf weiter zu Ihrem Herzen.

Im Geist sprechen Sie jetzt die folgenden Worte: „Ich verbinde mich jetzt mit meinem Höheren Selbst. Ich verbinde mich jetzt mit Gott durch mein Höheres Selbst. Gib mir jetzt Intuition, damit ich die Symbole in der Hand des Menschen (oder in meiner Hand), der mir vertrauensvoll die Hände entgegenstreckt. Behüte, schütze, führe mich, laß mich die Symbole erkennen, die für diesen Menschen bedeutsam und wichtig sind. Laß mich die richtigen Worte und Ratschläge jetzt finden."

Lassen Sie das weißgoldene Licht zwischen Ihren offenen Handflächen, dem weißen Kreuz oder der Krone über Ihrem Scheitelpunkt am Kopf und Ihrem Herzen hin- und herfließen solange, bis Sie spüren, daß Sie von positiver Energie durchflutet werden. Jetzt atmen Sie einige Male tief durch, bedanken sich bei Ihrem Höheren Selbst für seine Führung und kommen langsam aus der Meditation wieder zurück.

Lichtvisualisierung

Sie stehen mit beiden Beinen vor einer Kerze, vor einem Kreuz oder einem Heiligen, den Sie lieben, verehren, vielleicht sogar vor dem Schutzengel, auch vor dem Fenster oder einer anderen Lichtquelle. Sie spüren Ihren Kontakt zum Boden – Sie schließen die Augen.

Sie stellen sich nun vor, wie Ihre Wurzeln tief und tiefer in den Boden – in die Erde – hineinwachsen und wie Sie sich dort fest verankern. Sie atmen ruhig und gleichmäßig ein und aus und holen sich dabei wieder und wieder neuen Sauerstoff aus den Wurzeln in Ihren Körper – in Ihren Bauch – in Ihre Lungen. Sie atmen dabei durch die Nase ein, Sie atmen durch den leicht geöffneten Mund wieder aus. Spüren Sie Ihrem Atem nach, spüren Sie, wie er tiefer und tiefer in Ihren Körper sinkt, und bleiben Sie solange bei Ihrem Atem, bis Sie sich entspannt, frei und leicht fühlen. Bei jedem Ausatmen lassen Sie die Sorgen und Probleme abfließen, alles was Sie belastet, alles was jetzt da ist. Sie dürfen es loslassen.

Nun stellen Sie sich im Geist mit jedem Atemzug bildhaft vor, wie Sie strahlendes, weißes Licht – heilende Energie – in sich aufnehmen und Ihren Körper mit diesem strahlenden, weißen Licht füllen. Zelle um Zelle. Mit jedem Atemzug breitet sich das strahlende, weiße Licht weiter und weiter in Ihrem Körper aus, bis schließlich

Ihr ganzer Körper voll des weißen Lichtes strahlt und damit überflutet wird. Fühlen Sie dieses strahlend weiße Licht! Sie strahlen wie ein Lichtkegel und – das Licht hüllt Sie ein wie ein heilender Lichtmantel – Sie fühlen sich darin geschützt, geliebt, geborgen, warm und entspannt. Sie verweilen solange in diesem Zustand, wie es für Sie gut ist, und Sie genießen es, eingehüllt in diesem Lichte zu sein. Wenn Sie es wollen, können Sie jetzt Freunden oder anderen Menschen gedanklich Ihr Licht zusenden. Diese werden es spüren und bekommen!

Sind Sie bereit, öffnen Sie wieder die Augen. Sie sind nun energetisch aufgeladen und können sich jetzt mit Erfolg dem „intuitiven Handlesen" zuwenden.

Kurzmeditation

Sie suchen sich einen geeigneten Platz, wo Sie Kraft tanken können (Kerze, Engel, Heiliger, Kreuz usw.) und schließen Ihre Augen. Sie spüren den Kontakt zum Boden, spüren Ihre Wurzeln in die Erde hineinwachsen tiefer und tiefer. Sie verankern sich in der Erde und atmen, ruhig und gleichmäßig ein und aus – Sie atmen durch die Nase ein, Sie atmen durch den leicht geöffneten Mund wieder aus. Spüren Sie bei jedem Atemzug dem Atem nach, wie er in Ihren Körper sinkt und den Körper wieder neu mit Luft füllt. Lassen Sie beim Ausatmen alles Verbrauchte, Alte, Belastende solange abfließen, bis Sie sich entspannt, frei und wohlig leicht fühlen.

Nun stellen Sie sich im Geist vor, wie heilende Energie – weißgoldenes Licht – durch Ihr Scheitelchakra einströmt (dort wo der Sitz der Fontanelle ist) und in Ihr Herzchakra fließt, durch Ihre beiden Arme hindurchfließt und in der Mitte Ihrer Handflächen austritt.

Spüren Sie, wie vom Scheitel wieder neues weißgoldenes Licht nachströmt und zum Herzen fließt, durch Ihre beiden Arme strömt und in den Handflächen austritt. Spüren Sie die Wärme, das Strömen der Energie – lassen Sie das Strömen zu – lassen Sie es geschehen.

Bleiben Sie in diesem Zustand, solange es für Sie gut ist. Bedanken Sie sich nun bei Ihren Händen, daß es sie gibt, daß sie immer für Sie da sind, danken Sie Gott, dem Schöpfer, und Ihrem Schutzengel, Schutzgeist oder wem immer Sie jetzt danken wollen.

Kommen Sie aus der Meditation wieder zurück und öffnen Sie die Augen. Sie atmen einige Male tief durch, dehnen sich und strecken sich – Sie fühlen sich gestärkt und sehr wohl.

Jetzt können Sie sich mit Erfolg dem „intuitiven Handlesen" zuwenden.

Liebe Leserin! Lieber Leser!

Ich habe auf den vorangegangenen Seiten versucht, Ihnen die Kunst des intuitiven Handlesens so zu übermitteln, daß auch Sie es erfolgreich anwenden können. Das wünsche ich mir und Ihnen von Herzen.

Doch vergessen Sie nie: Die Kunst des intuitiven Handlesens besteht nicht nur darin, Handlinien zu deuten, sondern vor allem auch darin, den Menschen bei ihren vielfältigen Problemen zu helfen. Es bringt nicht viel, wenn Sie einen Verzweifelten bloß auf sein Leid aufmerksam machen; Sie wissen und spüren selbst, was er braucht: Zuhören, an seinen Problemen interessiert Sein und Ratschläge, wie er aus seinem Jammertal wieder herauskommt.

Gerade hier gibt es auch einiges für Sie zu lernen: Es verlangt Ihr ganzes Mitgefühl, Ihre ganze Konzentration und auch Ihre Kreativität und Ihren Einfallsreichtum, wenn Sie dem Menschen, der zu Ihnen kommt, effektiv helfen wollen. Wenn Sie ihm zeigen, was er aus seinen Schwächen lernen und erkennen kann, wie er seine negativen Eigenschaften in Stärken verwandeln und wieder an sich glauben kann, so sind das positive Ansätze, die ihn wirklich weiterbringen können. Es hilft diesem Menschen, der sich gerade in einem Tief befindet, nicht, wenn Sie ihn in seinen Problemen bestätigen! Sie sollten ihm stattdessen Handwerkszeug mitgeben, damit er selber aktiv werden und wieder Hoffnung schöpfen und ein Ziel sehen kann; damit er wieder neues Selbstvertrauen bekommt und mit neuer Kraft sein Leben in Angriff nimmt.

Ich bitte Sie auch: Über schwere Krankheiten – oder gar den Todestag – sollen Sie keine Aussagen machen. Das ist verantwortungslos und kann den Menschen in tiefe seelische Bedrängnis und Nöte stürzen.

Wenn Sie das Beste für den Menschen wollen, dessen Hand Sie gerade in der Ihren halten, dann wird Sie Ihr Inneres, Ihr Schutzengel, Ihr Höheres Selbst führen und leiten.

Jede Hand ist anders, so wie jeder Mensch einmalig auf der Welt ist. Der andere darf so sein, wie er ist. Sie können ihn nicht ändern, auch wenn Sie noch so bemüht sind! Er muß seinen Weg der Wandlung allein gehen. Vielleicht wächst aber gerade durch Ihre Hilfe und Ihre Aussagen in ihm genau jene Kraft, die er braucht, um eine Veränderung in sich bewirken zu können.

Ein guter Handleser weiß, daß auch er selbst nicht vollkommen ist und nicht das Recht hat, zu verurteilen. Die richtige Einstellung ist die Nächstenliebe; dann wird der Schöpfer Sie auch mit den nötigen Fähigkeiten ausstatten.

Wir können aus den Symbolen und Linien der Hände vieles erkennen und es zum Positiven hin verändern! Das ist meine Botschaft, mein Wunsch für Sie alle, die Sie jetzt gerade dieses Buch in Händen halten. Ich wünsche Ihnen Liebe, Licht, Kraft und Mut für Ihr weiteres Leben und den Glauben, daß alles veränderlich ist, auch die Linien und Symbole in unseren Händen.

Ich würde mich freuen, Sie bei einem meiner Handlese-Seminare begrüßen zu dürfen, wo Sie in vielen praktischen Übungen die Kunst des „intuitiven Handlesens" weiter vertiefen können.

Ich hoffe sehr, daß Ihnen dieses Handbuch des intuitiven Handlesens – wie ein lieber Freund – ans Herz gewachsen ist, daß Sie damit Freude und Glück erleben dürfen und es ein Mosaikstein Ihrer spirituellen Weiterentwicklung sein wird.

Zum Schluß möchte ich Ihnen allen – unserer großen Familie der intuitiven Handleser – im Geist meine Hände reichen, mit der Bitte, die Ihren vertrauensvoll hineinzulegen, um symbolisch zu einer Gemeinschaft verbunden zu sein.

Ihre Elfriede Jahn

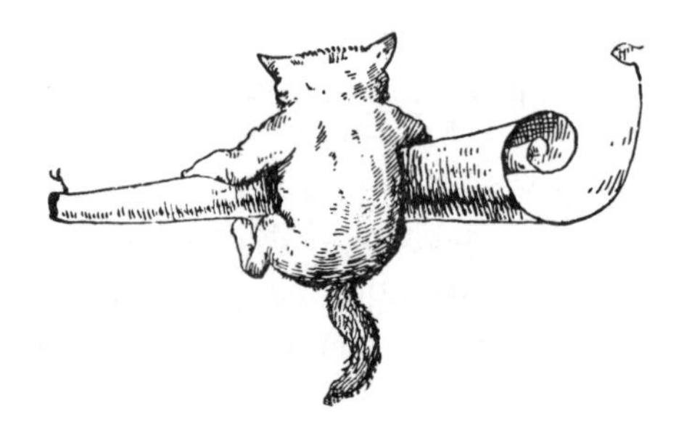

Elfriede Jahn

Das 1 x 1 des Kartenlegens

Das Geheimnis der Zigeuner Wahrsagekarten

160 S., geb., Abb. 4fbg.
Euro 22,– /sFr 38,–
ISBN: 3-900436-37-1
Ibera

KARTEN

SPIEGEL DEINER SEELE

Erkenne in ihnen Dein Schicksal
• Deine Partnerschaft • Deine Liebe • Deine Berufung
• Deine Geschäfte • Deine Finanzen • Dein Karma

Grundbegriffe, Legetechnik, Interpretation, Meditation.
Mondmeditation, Schutzengelmeditation,
Mondphasen-Spiel, Problemlösungs-Spiel,
Jahres-Wegweiser, Zukunftszyklus

HARALD KATZER

geb. 1954 in Wien, Ausbildung in Kartenlegen, Handlesen, Pendeln und Energiearbeit (Reiki) bei seiner Tante Elfriede Jahn. Im Lauf der letzten Jahre spezialisierte „Harry" sich auf das Pendeln; er hält in Österreich regelmäßig seine beliebten Pendelseminare, Kartenlege- und Handlese-Workshops und Vorträge.

HARALD KATZER
A-1160 Wien
Koppstraße 103/Stg.3/Top 3106
Tel. und Fax: +43 (1) 49 25 3 10
+43 (0)664/28 20 370

CD - „Für Dich“ mit Musik für die Seele, Tiefenmeditation und Musik zum Nachdenken

Wenn Sie meine Kassetten oder CD erwerben möchten, verwenden Sie den nebenstehenden Coupon.

Informations- und Bestellcoupon

Ich interessiere mich für:

- ❑ Kartenlege-Seminare
- ❑ Handlese-Seminare
- ❑ energetische Seminare
- ❑ Channeling-Workshops

Ich möchte:

- ❑ eine Privatsitzung mit intuitivem Handlesen
- ❑ Kartenlegen mit Beratung und Erstellung des Lebensplanes
- ❑ regelmäßige Information über geplante Seminare
- ❑ Reiki-Ausbildung

Ich bestelle zur sofortigen Lieferung per Nachnahme:

- ❑ Kassette Tiefenmeditation, „Entspanung-Glück-Empfinden“ ...... Stk. à Euro 10,-
- ❑ Kassette Heilmeditation, „Freiheit-Liebe-Friede“ ...... Stk. à Euro 10,-
- ❑ Zigeuner Wahrsagekarten (Preis auf Anfrage)
- ❑ CD „Für Dich“ 1. Wiener Weltfriedenstag ...... Stk. à Euro 10,-

....

Um noch mehr Menschen zu erreichen, noch mehr helfen zu können, habe ich für Sie zwei Kassetten (Tiefen-meditation und Heilmeditation) besprochen, die mit meditativer Musik unterlegt sind.

Absender:

Name:

Strasse:

PLZ: Ort:

Telefon:

Frau

Elfriede Jahn

Postfach 305

A-1231 Wien

ELFRIEDE JAHN

Medium und
Reiki-Lehrer/Meister

geb. 1937 in Wien, Ausbildung in Readings und Energiearbeit bei Dr. Eric Wynant, USA. Mitglied des „Schweizerischen Verbandes für Natürliches Heilen". Elfriede Jahn, langjährige Schülerin des indischen Meisters Sudesh K. Walia, ist bereits seit vielen Jahren als Lebensberaterin tätig. Sie liest aus den Handlinien und aus den Karten, hält Seminare, Vorträge und Meditationen und ist durch häufige Präsenz in Rundfunk, Fernsehen und Presse einem breiten Publikum bekannt geworden.

ELFRIEDE JAHN
Postfach 305, A-1231 Wien
Tel. und Fax: +43 (1) 667-13-64
+43 (0)664 44 44 337

Buchempfehlungen:

Hajo Banzhaf
Das Arbeitsbuch zum Tarot (Set)/*Kailash*

Claude Bonnafont
Die Botschaft der Körpersprache /*Knaur*

Barbara Ann Brennan
Licht-Arbeit/*Goldmann*

Dale Carnegie
Sorge dich nicht – lebe!/*Scherz*

Thorwald Dethlefsen
Krankheit als Weg
Bertelsmann

Paul Ferrini
Denn Christus steckt in jedem von euch/*Aurum*

Louise L. Hay
Gesundheit für Körper und Seele /*Heyne* (nur gelbes Buch mit roter Rose)

Edmund Harold
Meistere Deine Schwingung – Esoterische Numerologie
Ibera

Elfriede Jahn
Das 1 x 1 des Kartenlegens
Das Geheimnis der Zigeuner-Wahrsagekarten
Ibera

Kyriacos Markides
Der Magus von Strovolos
Knaur

Berthold A. Müleneisen
Heilgebete – Gesundheit aus eigener Kraft/*Herbig*

Sogyal Rinpoche
Das tibetische Buch vom Leben und vom Sterben/*Scherz*

K.O. Schmidt
Seneca – Der Lebensmeister
Drei-Eichen-Verlag

Tashira Tachi-ren
Der Lichtkörperprozeß
Edition Sternenprinz

Kurt Tepperwein
Die geistigen Gesetze
Goldmann

Annemarie Trixner
Wahre Panther schnurren nicht
Das Powerbuch, um alterslos zu werden
Ibera

Bruce Wilkinson
Das Gebet des Jabez
Schulte+Gerth

Alan Young
Das ist Geistheilung/*Esotera*